独步天下

兴步哥与体育名人那些事儿

王兴步 著

山东城市出版传媒集团·济南出版社

图书在版编目（CIP）数据

独步天下：兴步哥与体育名人那些事儿 / 王兴步著
. -- 济南：济南出版社, 2022.6
ISBN 978-7-5488-5142-4

Ⅰ.①独… Ⅱ.①王… Ⅲ.①体育工作者－访问记－中国－现代 Ⅳ.①K825.47

中国版本图书馆CIP数据核字(2022)第081082号

出 版 人 田俊林
责任编辑 李 敏 张冰心 高邦哲
装帧设计 胡大伟
出版发行 济南出版社
地　　址 济南市市中区二环南路1号（250002）
编辑热线 （0531）82890802
发行热线 （0531）86922073 67817923
86131701 86131704
印　　刷 山东联志智能印刷有限公司
版　　次 2022年6月第1版
印　　次 2022年6月第1次印刷
成品尺寸 170 mm×240 mm 16开
印　　张 17.75
字　　数 215千字
定　　价 79.00元

编委会

序　一

这是同行者的记录

刘广迎

原山东鲁能泰山足球俱乐部常务副董事长，著有《足球经略》《文化足球》《重塑：智能社会的未来图景》等

拿到兴步发来的这本记述众多体坛人物的书稿，我瞬间回到了往昔的场景中：充满激情的呐喊，发自内心的欢声笑语，甚至还有让人捶胸顿足的遗憾！每一个情节都充满了热爱，回忆起来令人热血沸腾。这是我曾经作为鲁能足球队这个集体中一员时的场景，多年来常常萦绕梦中。面对兴步的这些文字，我的这份情绪再次被点燃。

由此我想到，作为同乡兼好友的兴步，其实对于我来说更有一种特殊的身份在，那就是“同行者”。

我们常常一起在赛场看球，一起欢乐，一起庆祝胜利，还曾一起奔赴长沙观战足协杯决赛。大家如此强烈地沉浸在这种橘红色的情绪中。回到这部书，兴步所写的这些人，其实也是我们的“同行者”。孙华等管理者，金正男、殷铁生、桑特拉奇、鲍里斯、涅波、图巴、伊万、尹霄等教练，我们曾经一起商议如何建队，怎样发展足球、乒乓球。宿茂臻、李霄鹏、郝伟、舒畅、韩鹏等更多的队员，都曾是泰山队的“子弟兵”，拼搏在绿茵场上。他们中的大多数已经退役，走上了教练或者其他岗位。即便是兴步提到的鲁能足球队和乒乓球队之外的蔡振华、张吉龙、曹学成、于学田、李政等人，我们也都是很熟的朋友。

综合这些，我首先把兴步的这部书定位为同行者的记录。不过仔细读来，兴步没有采取宏大的视角，没有特意去还原过往，而是更多地体现他对鲁能足球和体育的深情。比如他写桑特拉奇给巴力斯塔送鞋、霄鹏踢球挣了钱首先给父母买房子改善居住条件、陪同维拉潘考察济南亚洲杯赛场情况、独自赴北京接初到任的图巴等，都是很有质感的细节体现，读起来往事历历在目，浮现眼前。全书所写的人物超过40位，非常丰富。要想

细品其中的滋味，也许等您读完每篇文章，才会有更深刻的感受。

兴步的这些文字不单单是写史，也不单单是记事，还是感情的积淀。我无法揣摩出兴步当年弃医从文，走上体育记者这条职业道路的初衷。但我可以从他对足球、对体育，乃至对体育人的这份感情中体会出，和众多人将兴步描述为单纯热心的人不一样，兴步是个丰富的人，是个热爱生活的人，也是个更珍视友情的人。书中记述的这些人和事，也许无法构建一个时代的雕像，但包含了那个时代的热度、温度和深度。虽然兴步的文字算不上华丽，但这些记录足以体现这部书的价值所在。

尤其是在如此多元化的时代，“大云物移智链”开启数字化时代，“元宇宙”概念在飞速构建，体育也进入了全新时代。在这个时代，算力可以让我们知道一场足球比赛或者一个体育项目的“嗨点”怎么分布，但体育所体现的人性光辉能否被数字化，将是人类面临的共同课题。兴步记述人物的方式是传统的，其中的情节都是美好过往，更是我们的初心所在。今天的一切变化和变革都来自彼时。所以，我们需要记住这些人和事，需要带着这些记忆走向“元宇宙”时代。毫无疑问，兴步的这部书能够承担得起这份责任，存储宝贵的“体育基因”。

当然，当下正是“金元足球”崩塌之后，中国足球十分艰难的时期，甚至整个体育界也面临着诸多巨大的挑战。这两年，鲁能足球进行了股权多元改革，开启了新的征程。此时回顾这些人和事，让我们再次感受到那份橘红色的力量，体会到“文化足球”的丰富与多彩。信心比黄金还宝贵。我相信，兴步没有回避中国足球面临的这个困难时期，体现的不仅仅是他的感情，还有对中国足球和中国体育的信心。

最后，借此机会，向这部书中记述的各位好友和兄弟，表达我最衷心的祝愿。祝大家在各自的工作岗位上不断做出更大的成绩！尤其是还在足球和体育岗位上工作的同志，请一定守住初心、坚定信心、保持雄心，发挥出应有的光和热，为中国足球和中国体育发展不断做出新的更大贡献，这是实现中华民族伟大复兴的责任所在。祝愿兴步继续深耕足球和体育领域，抒写时代，讴歌美好，奔向未来！

2022 年 3 月 10 日

序　二

我体育生涯的见证者

李霄鹏

原山东鲁能泰山队主教练，现任中国男足主教练

虎年春节前夕，我的好大哥王兴步跟我说，他聚焦自己体育记者生涯，正组织编写一本记录这些年亲身采访经历的文集。作为了解他的知心兄弟，我感到骄傲和高兴；并且作为支持，我欣然应允代为作序。

兴步哥是名记，近年来他走上单位管理岗位，虽然他早已不在江湖飘，但江湖上至今仍传颂着他的事迹。他写与体育名人的故事，特别是与泰山足球将士共同经历的风风雨雨，必定精彩、精辟、精妙，意义不凡。这既是他做体育记者 20 多年的总结，也是奉献给广大球迷朋友的一份珍贵礼物。

细算起来，我和兴步哥的友谊已经持续了 30 多个年头。认识他的时候，他还是一名年轻的大夫，当然我还是个足球小鬼。那是 20 世纪 90 年代初，我刚从青岛被殷导（殷铁生教练）选到山东少年队，在省体工大队训练。彼时，兴步哥在医院当儿科医生，不过他热爱足球，执着于写作，加上与殷导关系好，常常利用业余时间到体工大队看训练，便与大家混熟了。印象中，那时候我父亲经常从青岛赶到济南看球队训练，也与兴步哥相识了。并且，他们爷俩后来还成了忘年交。后来，兴步哥“弃医从文”，改行做记者，经常到青岛采访海牛队的比赛。每次到青岛，他总要抽出时间到家里看看老人，与我父亲喝大碗啤酒，吃着鲜美的海鲜，谈论最多的话题是足球，是泰山队。

我要告诉大家的是，做人耿直、热忱的兴步哥，不仅与我的家人友谊深厚，像舒畅的父母、王超的哥哥，还有姜勇的父亲等，兴步哥也和他们都建立了亲密的关系。应该说，兴步哥一路陪伴我们这批队员成长。我从青年队到职业队，以及退役后当教练，都一定程度上得到了兴步哥的见证、支持和帮助。

回想那些和兴步哥一起荣辱与共、风雨同舟的日子，总有些历历在目，念兹在兹。

职业联赛头几年，殷导担任主教练，兴步哥作为随队记者，跟着我们南征北战，同吃、同住、同行，如同一家人。兴步哥做记者严谨认真，他的报道客观公正，有深度，更重要的一点是，他深深爱着自己家乡的球队，呵护着我们成长。每当球队打得顺的时候，兴步哥就给我们泼泼冷水，提醒大家要保持清醒头脑，不能有骄傲情绪。在球队失利或者处于低谷的时候，兴步哥给我们更多的是鼓励。那些年，兴步哥与我们一起分享过泰山队首夺“双冠王”的快乐，也一起饮下失败的苦酒。

记得 2001 年广东九运会上，在足球半决赛中，山东队与上海队点球决战，我作为队长，带伤坚持到最后。点球比赛，我第一个射失，最后无缘决赛。罚失点球，我很难过，心里很内疚。在休息室内，队员痛苦万分。兴步哥与范学伟、教练汤乐普抱在一起，泣不成声，并挨个儿安慰大家。当我脱下湿漉漉的球衣，露出血淋淋的、肿胀的小腿，兴步哥和在场的于学田局长心疼地流下了泪水。赛后，兴步哥含泪写了一篇《越秀山下虽败犹荣，小鹏带伤拼到最后》的通讯，在球迷中引起强烈反响。时任山东省体育局局长于学田看到这篇报道后，也给予充分肯定。在多个场合，于局长拿着兴步哥的这篇报道对我们队的拼搏精神大加赞赏。

……

兴步哥与我、与足球、与体育的动人故事还有很多。他采访过上百位体育名人，此次选出 40 余人，结成文集。不少内容都是第一次公开发表，记录了他与采访对象之间的交情和友谊，故事性和可读性很强。足球是世界第一运动，兴步哥酷爱足球，自然在足球方面投入最大，所以，这本文集中有关足球的名人占了大部分，不少人都是我的队友和教练。这本文集也可以算作泰山队名人轶事，对于传承泰山队精神、弘扬足球文化也很有意义。

记者是见证者、记录者、传播者。我想，兴步哥的体育记者生涯，已经足够精彩。

2022 年 2 月 6 日

序　三

有一种传说叫“兴步哥”

郑　晋

著名体育解说员，现任山东体育休闲广播总监

在北京冬奥会采访期间，兴步哥几乎每天都和我互动，关注我的每一篇报道，时不时地给我很多建设性意见。

2008 年，我们曾在“同一个世界，同一个梦想”的召唤下，在北京一起战斗。

2012 年伦敦奥运会，我们也并肩前行。这次 2022 年北京冬奥会，我没能和兴步哥一起见证，颇有点遗憾。

闭幕式的第二天，我开始隔离。兴步哥说，老弟，请你帮我的新书写个序。

兴步哥总是这么周到，替别人着想，不愿在我每天披星戴月的北京冬奥会采访期间打扰我。

在来北京冬奥会之前，我希望他来个收山之作，把这么多年他和体育的故事结集成册出版发行（因为我知道，兴步哥正要重新回归，致力于医学人文研究，传播医学人文精神，为构建和谐的医患关系，做一些力所能及的事情）。兴步哥说正在准备中，但没想到会让我来写序，我很意外，也诚惶诚恐，因为我知道我的水平和能力与兴步哥这么多年文字积累的厚重和丰富相比有些单薄，但是兄命难违，只好勉为其难尽力一试。

从认识兴步的第一天起，我就叫他兴步哥。从他“弃医从文”的第一天开始，兴步哥就是一线记者中的老大哥，和当年我们刚刚二十出头的小毛头一起战斗。

叫他哥，其实不仅仅是因为兴步哥中途改行年龄大，还因为兴步哥是个热心肠，又毕业于山东医科大学，记者圈里谁有个头疼脑热，兴步哥都能给予帮助。特别是随着我们长大，也都拖家带口的，家里有什么病人需

要兴步哥帮助的，一个电话兴步哥总会把他的资源拿出来共享。所以兴步哥在记者圈里人缘好，众多圈内的同行也都很自然地喊兴步哥，我媳妇也都跟着喊兴步哥——因为在家里人看来，兴步就是哥。

我和兴步哥很有缘，我第一次转播甲A联赛就是和兴步哥一起去的延吉。当时电视不能直播泰山队与吉林敖东队这场比赛，只能通过收音机来收听。虽然是同行，但兴步哥一点儿也没有门户之见。他认识到山东广播历史上第一次转播中国足球职业联赛满足了当时火爆的山东球迷的需要，这本身就是一个新闻点。所以他为我这个刚出道的小主持人预告比赛转播时间，并积极推动山东广播历史上的首次甲A转播。

那一次很多球迷都是通过兴步哥的预告才收听了我的直播。1996年，那一年我23岁，从此成为职业说球人，兴步哥无疑是重要的见证者之一，而他以他的独到视角也告诉了我，其实每一个体育人的故事都值得记录，只要你发现他与众不同的价值。

从那个时候开始，我就非常关注兴步哥。我觉得兴步哥特别厉害！

《济南时报》靠体育起家，“时报体育”成了那个年代城市文化的标签。济南时报有一大批才华横溢的记者、编辑、评论员和摄影师，但在这些个性十足的同行中，兴步哥总能在每周一的“时报体育”版面中光彩夺目。尽管因为时报轮岗，他并不是每次都可以到现场，但是他的报道另辟蹊径，聚焦热点，靠着自己的人脉和努力抓住各种各样别人想不到的点，比如队员的家人、启蒙教练，并且放眼全国，故事感十足、可看性极强，在我看来极大丰富了“时报体育”的内容、扩大了“时报体育”的外延。而且很多独家报道都被全国专业媒体引用，深受人们的喜爱，“郎中”的笔名也在全国体育记者圈打响。

兴步哥是一个非常单纯的人，他只想着把自己该做的事情做好。

1998年，范志毅“吐巴力口水事件”让山东球迷非常不满意。而范志毅在国内联赛的最后一场比赛是申花对阵海牛，踢完这场球范志毅就要转会水晶宫队。那场在青岛的比赛刚一结束，兴步哥就拉着我朝范志毅跑去。别的记者都在问关于范志毅和水晶宫合作未来相关的事情。兴步哥上来就说：“范大将军，为吐口水向巴力道个歉吧。”我根本就没拦住兴步哥。话音未落，正在喝水的范志毅马上停下来，指着他的鼻子，瞪大眼睛，气愤地说：“你看见我向他吐口水了？”那个样子真怕范大将军揍兴步哥。我赶快把兴步哥和范志毅隔开了。兴步哥那时的冲动和毫不惧怕的样子，至今我还记忆犹新。兴步哥说，往别人脸上吐了口水，道个歉难道不应该吗？我经常开玩笑地对兴步哥说，这叫兴步哥单挑范大将军。

作为一名记者，兴步哥永远充满了正能量、充满了正义感，有时候你都不知道他瘦小的身体里如何能迸发出这么大的张力。

2004年，我和兴步哥一路从济南采访到了北京工人体育场亚洲杯总决赛的现场。日本队是从济南晋级北京总决赛的。在决赛之前的新闻发布会上，有日本记者颇为挑衅地对现场发布会的主持人说，日本记者在济南遭受了不公正的待遇。话音未落，兴步哥就喊了起来：“晋，日本记者怎么颠倒黑白？济南赛区可是热情服务和全力保障啊，都说咱们好。”还没等我搭话，兴步哥就义愤填膺地做出了自己的决定，向主持人明确表示，日本记者说话有误，不顾济南赛区良好保障的事实，信口雌黄，必须向我们道歉。

我记得当时在场的有六名山东记者。在兴步哥的据理力争下，在新闻发布会现场，日本记者不得不向山东的记者道歉。兴步哥的担当和大义得到了现场中国记者的热烈鼓掌。事隔多年以后，我还在想，不是每一个人都能做到这一点，这种勇气是因为兴步哥有对于泉城济南发自内心的爱和超越体育记者本身的担当。

兴步哥很传奇！这不是我说的，这是我的好多体育记者同行说的。

2010年广州亚运会上，我和兴步哥又一次并肩战斗。在开幕式之前的新闻发布会上，开幕式总导演陈维亚和组委会大型活动部的负责人联合接受采访。关于火炬如何点火成为新闻发布会记者发问的主题，大家有着各种各样的猜测。最后兴步哥突然站起来问：“会不会是用点燃爆竹的方式点燃主火炬？”

现场记者哄堂大笑，觉得这名记者太不切合实际了，有点不靠谱。但是总导演和大型活动部的负责人足足沉默了一分钟，最后缓缓地说，总之要用一种传统的方式点燃主火炬。

第二天的开幕式演出，奥运冠军何冲和陈维亚的小女儿果然是用点燃爆竹的方式点燃了主火炬。前来采访的中国广播亚运联盟的几十位记者都惊奇地问我：那个你口中的兴步哥是谁？太神了！我呵呵一笑，兴步哥，本就是个传说！

很荣幸，我见证了兴步哥很多高光时刻，当然更多的高光时刻都在记者圈的传说中。

其实他的故事都散落在他深爱的文字里，你一定能通过他的文字了解到更多兴步哥的故事，了解到更多山东泰山足球、山东篮球的故事和山东体育、中国体育的故事。他的每一个字和每一个写就的故事，都是兴步哥认认真真采访、认认真真付出的结果。

我知道这本书绝对不是他曾经文字的剪辑和粘贴，而是兴步哥重新梳理并且又进行了新的采访和丰富。很多内容和故事都是崭新的，都是行进当中最新鲜的元素。这也是我佩服兴步哥的地方，他永远不知疲倦地为自己热爱的体育采访和报道精益求精。这些文字是移动互联网时代，兴步哥献给体育爱好者最好的、独一无二的人生体验。

祝贺兴步哥！祝贺一个为爱而努力前行的兴步哥！

写于北京冬奥会后隔离宾馆

2022 年 2 月 22 日

目 录

001 泰山往事

153 名人逸闻

目录

泰山往事

忆往昔峥嵘岁月，看今朝赓续传承。山东是足球的发源地，泰山足球已经融入山东球迷的生活中。从 1994 年职业联赛至今，一代代泰山将士征战绿茵，这是他们鲜为人知的故事。

殷铁生：
遗憾没能带泰山队夺冠

殷铁生，在山东足坛是一位举足轻重、功绩显赫的教练。

1997 年 4 月，笔者（右）与殷铁生在荆门八运会足球预选赛赛场上

做队员，他是山东队的绝对主力，帮助山东省足球队勇夺第四届全运会冠军。

做教练，他率队夺得两次全运会冠军、首届足协杯赛冠军。

殷铁生做球员一直踢到 1986 年第六届全运会，成为参加全运会次数最多的队员。

1989 年，殷铁生被省体委任命为山东少年队主教练，他到全省各地物色队员。在青岛，他挑选了李霄鹏、姜勇、宋毓明等；在济南，他又选上了刘越、于远伟、张蓬生。那一批小队员，经过殷铁生精心调教，很快在全国同龄球员中脱颖而出。

1993 年，殷铁生率山东青年队夺得在荆州举行的全国青年联赛的冠军，这是他当教练之后夺得的第一个全国冠军。

1994 年，中国足球职业联赛第一年，殷铁生战胜了昔日队友徐永来，众望所归，坐上了泰山队主教练的宝座。

殷铁生做职业教练最春风得意的一年是 1995 年。1995 年 12 月 26 日，足协杯决赛在南京进行，泰山队以 2 比 0 击败由徐根宝统帅的上海申花队。

那场比赛，殷铁生从排兵布阵到临场指挥都高出徐根宝一筹。

赛前挑选比赛队服时，殷铁生“耍”了徐根宝一通。当时两个队均喜欢穿白色比赛服。经过抽签，徐根宝优先挑选队服，徐根宝选了白色队服。这时殷铁生灵机一动，告诉徐根宝因为来南京仓促，球队离开济南时只带了白色队服，蓝色服装落在济南了，现在只能派人回济南拿。

大度的徐根宝当场表示，他们穿蓝色比赛服，把白色比赛服让给泰山队。其实徐根宝心里有些犯嘀咕，因为他从内心里就希望那场比赛能穿白色比赛服与泰山队一争高低。殷铁生在心理上赢得了优势，果然白色给泰山队带来好运，蓝色为申花队带去的是厄运。

1996 年，我改行做了一名体育记者，与殷铁生见面和采访他的机会更多了。我第一次采访泰山队时，殷铁生谈起了我改行的事。

“听说你不当医生了，医生可是世界上非常好的职业之一，无论在什么年代，都很受人尊敬。医科大学也很难考，你当了这么多年医生，干得也不错，把自己专业丢了，我觉得挺可惜的。”

我说：“我喜欢新闻这个职业，不太喜欢医院的环境，天天与生病的孩子打交道，挺压抑的。”

他接着说：“既然你喜欢现在的职业，就要脚踏实地，干好新的工作。不过你一定要把做医生时那种严谨的作风和认真的态度带到新闻采访中，只要做到这一点，就一定能成为一名好记者。”

这些年来，殷铁生的谆谆教导，我一直铭记在心。

1997 年 10 月举行的上海八运会，对殷铁生来说终生难忘。他率队登上冠军宝座，为山东代表团贡献了一枚含金量非常高的金牌。山东代表团正是靠足球这枚金牌，跻身金牌榜前三强。殷铁生实现了从金牌队员到金牌教练的梦想。

殷铁生说，全运会代表山东夺得冠军与在俱乐部获得冠军意义不一样。

1997 年年底，泰山队被山东电力集团收编，殷铁生交出了教鞭，鲁能俱乐部准备任命他为俱乐部副总经理兼总教练。俱乐部宣布正式成立之前，曾经召集山东足坛名宿开了一个座谈会，会上时任俱乐部总经理邵克难无意当中透露了对殷铁生的安排信息。

有一天晚上，我打电话给邢天恩教练，问殷铁生会怎么安排。邢天恩说，鲁能准备让殷铁生担任俱乐部副总经理。我第二天把这个消息发表在《济南时报》。后来听说，邵克难对我抢发这一条消息很恼火，因为组织任命之前一切都存在变数。

对于当初董事会提出的泰山队新赛季冲三甲的目标，殷铁生认为有希望，但困难很大，因为泰山队不具备冲三甲的实力。他赞成俱乐部要引进高水平的外援。他认为，要提高本土球员的业务水平和职业素养，单纯通过教练员们的讲授、引导还不够，必须同时靠高水平的外援，在训练和比赛中带动全队，使全队整体实力再上新的台阶。

1998 年，鲁能泰山俱乐部聘任韩国老帅金正男作为主教练。为了避嫌，在任何场合殷铁生都保持沉默，因为泰山队大多数队员都是他一手培养起来的。球队打好了还好说，一旦成绩不理想，容易被别人说闲话，怀疑是他幕后操纵队员，有意想“做掉”金正男。可是，在那一年，殷铁生万万没想到，自己还是做了一回救火教练。

1998年，金正男执教泰山队，前19轮积分排倒数，保级形势岌岌可危。8月24日，金正男还在回济南的飞机上，俱乐部就紧急召开新闻发布会，任命殷铁生为主教练。殷铁生当时并没有丝毫激动，他表示一切服从组织安排。他不负众望，率领泰山队冲出低谷，名列联赛第九名，保级成功，如释重负。

殷铁生在赛场上（孙茋青 摄）

1999年，桑特拉奇（斯洛博丹·桑特拉奇）来了，殷铁生出任领队，与桑特拉奇配合默契。殷铁生对桑特拉奇先进的管理理念和执教风格非常欣赏，表示在桑特拉奇手下大开眼界，受益匪浅。

那一年，殷铁生从桑特拉奇那里学到了很多东西，当然桑特拉奇也得到了他的鼎力帮助和支持。可是在泰山队“双冠王”欢庆场面以及省委、省政府召开的庆功大会上，大家都没有见到殷铁生的影子。原来他已经离开济南，接受长春亚泰俱乐部的邀请，担任了亚泰队主教练。

泰山四年，没夺联赛冠军最遗憾

细数殷铁生在山东执教时的荣誉，拿了青年联赛冠军、摘下足协杯冠军、称霸全运会，唯独少了“甲A联赛老大”的头衔。这也是殷铁生在山东足球生涯中最为遗憾的事情。

“1999 年泰山队夺取‘双冠王’时，尽管我还在队里，但那个冠军不能算到我殷铁生头上，毕竟当时的主教练是桑特拉奇。我没有亲自带队夺得过联赛冠军，这不能不说是我在泰山队期间最大的遗憾。也不知道以后还有没有机会再圆我一次梦，圆我这个带领泰山队夺得中国顶级联赛冠军的梦。”殷铁生惋惜地摇了摇头。

“我的家庭为我付出的实在太多”

殷铁生走到现在这一步，与他的家庭给予他极大的支持有相当大的关系。

“我常年在外，无法照顾老人。幸好我和我的哥哥姐姐关系相当好，我不在的时候，就拜托他们替我尽孝道，多分担一些当儿女的应尽的义务和责任。我特别感谢我的哥哥姐姐，每次我回家，我们都会在父母家聚一聚，其乐融融。当然了，我还经常给父母打打电话，问候一下他们。让我感到欣慰的是，父母年龄都大了，但身体都还很硬朗，这我就放心了。我的父母很理解我的工作，他们从来没有怨言。这也让我这个当儿子的很过意不去。”

殷铁生的儿子殷帅 2004 年面临高考，可是殷铁生这个当父亲的却不能陪着儿子迈过这人生的第一道坎。

提到这个话题，殷铁生突然想起了什么，眼睛变得湿润起来。

“我的儿子很懂事，他还有一个让我永远忘不了的故事。当初我和张志诚指导国青队，每次我离开家时儿子都要跑到卫生间去。开始我还没注意，后来孩子又去卫生间了，他妈就告诉我，儿子又哭了，他每次去卫生间都是大哭一场。现在孩子大了，当然不会再去哭了，但这个小事却让我很感动。孩子出生第三天，我就离开他去比赛。屈指算来，这么多年了，我和儿子待在一起的时间没多少。尽管这样，我感觉我们父子的关系比一般家庭的父子关系要亲密很多，我每晚都要给孩子打个电话，问问他这一天的情况。而儿子呢，每到比赛之前也会给我打电话和发短信，都是些祝福的话。孩子和我的爱人确实为了我的事业付出了太多的东西。我希望能在今后给孩子更多的父爱，争取吧，争取尽到当父亲的责任。”

殷铁生，一个铁铮铮的山东汉子，在谈到儿子的时候，眼睛里尽是慈爱和呵护。

“铁汉柔情”，用这个词来形容他，再恰当不过了。

李霄鹏：
鲜为人知的 10 件小事

中国男足主教练李霄鹏，在中国足坛赫赫有名。做球员时，他是一名出色的中场球员，曾经代表中国足球队出战，受到米卢（博拉·米卢蒂诺维奇）的重用，参加了韩日世界杯赛，小组三场比赛，均以主力身份出战。

有关李霄鹏足球场上的故事，球迷朋友知道得很多。在此，与大家分享一些李霄鹏鲜为人知的故事。

2011 年，笔者与李霄鹏在一起

一、不踢球也能考上名牌大学

不少孩子学踢球，往往影响或耽误了文化课学习。可对于李霄鹏来说，学习、踢球两不误。尽管他父亲每天对他学踢球抓得很紧，但是他的文化课学习成绩在班里一直名列前茅。

李霄鹏上小学时在班里当班长，学习成绩不错，即使每年都要代表青岛参加全国萌芽杯和幼苗杯比赛，功课也没有落下。假如他父亲当初不让他选择走踢球这条路，他也能考上大学，因为李霄鹏脑袋瓜儿好使，接受东西很快，挺聪明。

不过现在看来，当年他家人让他走踢球这条路还是正确的，因为李霄鹏很争气，踢球踢出了名堂。在 2001 年十强赛上每场都打主力，亲朋好友都为他高兴。

李霄鹏从 1990 年入选山东少年队，到后来成了鲁能足球队主帅，已在济南生活了 30 年，不过少年时他差点儿进了八一队。

李霄鹏上初中的时候，八一队来青岛选队员，他父亲也准备让李霄鹏到八一队，因为那些年八一队的训练条件和待遇都在地方队之上。1990 年，殷铁生也到青岛选苗子，一眼就看中了李霄鹏。殷铁生找到李霄鹏的母亲做工作。到底是让李霄鹏去八一队，还是跟随殷铁生到山东少年队，他们全家一时拿不定主意。后来，原山东省足球队主教练邢天恩告诉李霄鹏的父亲，殷铁生是一位很不错的教练，把孩子交给他放心。就这样，不到 15 岁的李霄鹏跟随殷铁生来到了济南，加盟山东少年队。

殷铁生为李霄鹏的成长付出了很多心血。以意识和技术见长的殷铁生，对李霄鹏寄予厚望，经常给他开小灶，进行重点栽培，李霄鹏的球技进步很快。

1993 年，李霄鹏作为球队核心，率队夺得全国青年联赛冠军——这是他步入专业球队以来夺得的第一个全国冠军。第二年，李霄鹏被张志诚选到中国青年队，随队获得在泰国曼谷举行的亚洲可口可乐青年锦标赛冠军。自此，李霄鹏开始崭露头角。

二、李霄鹏是一个大孝子

李霄鹏上面只有一个姐姐，他长年不在父母身边，对父母身体健康状况非常关心。前些年，父亲在世时，他最牵挂的人就是父亲。

李霄鹏的父亲李天恩常年患有高血压、脑动脉硬化，有时头疼得厉害，尽管他不愿把这事告诉李霄鹏，怕分散他的精力，但还是被细心的李霄鹏知道了。

当年十强赛，中国队出征阿联酋之前，李霄鹏给家里打了一个电话，询问父亲的身体情况。爷俩在电话中探讨最多的还是比赛。李天恩告诫李霄鹏打阿联酋逼得要凶，放开手脚，在气势上压倒对手。李霄鹏恳求父亲要注意自己的身体。

李霄鹏父母以前住在一栋旧房子里，房间小，很拥挤。后来李霄鹏家搬到了靠近海边的一栋花园式住宅，三居室两客厅。客厅的装饰架上挂着一面中国队全体队员签名的队旗，摆放着这些年来李霄鹏获得的各种荣誉奖章和奖杯。

李霄鹏很孝顺，手里有了钱首先想到的是为父母买一套新房子。他每次放假回青岛，除了到他姥姥家去，就是待在家里，大多时间是陪父母。

三、妻子是一个美丽、贤惠的济南妹子

在鲁能泰山队，一些队员喜欢找空姐，已有好几位队员与空姐结为伉俪。而李霄鹏的妻子李媛是一位大学生，毕业于北京体育大学，是济南姑

娘。他们相识十年后，于2005年年底走进婚姻的殿堂。

李媛以前是山东艺术体操队队员，退役后上了大学。职业联赛的头几年，泰山队的大本营在山东省体育中心，泰山队与山东艺术体操队在同一个饭厅吃饭。久而久之，李霄鹏与李媛便建立了恋爱关系。李霄鹏说，是他主动追求的李媛，他喜欢李媛漂亮，李媛喜欢他为人憨厚、淳朴。李霄鹏总是把小自己四岁的李媛当成自己的小妹妹，关心和爱护她。

李霄鹏还说，艺术体操很美，可他从来没有时间看李媛的比赛。不过他也算得上是一个有福之人，李媛曾给他开过一次只有一个观众的专场演出——多亏他家的房子大厅很宽敞，要不然李媛手里的彩带还舞不开呢。

李霄鹏经常在李媛面前展示一下自己的烹饪技术，他做的红烧鱼很好吃——不是吹牛，绝对够得上大厨水平。不过他也有丢手艺的时候。有一次他炒土豆丝，由于刀工不好，土豆丝切得太粗，怎么炒也炒不熟，后来干脆把炒土豆丝变成油炸薯条，结果被李媛记住了，没事总是拿炸薯条奚落他。

李霄鹏做球员时，每次到外地打比赛，每天除了先给他的父母打个电话报一下平安外，就是跟李媛通话。由于两人天各一方，平时很难见上一面，只有靠无线电波传递情意。

凡是接触过李霄鹏的人，都有一个共同的感觉，就是他待人接物比较有礼貌，言谈举止比较有涵养——不属于那种张扬的队员。

四、李霄鹏不喜欢赶时髦

李霄鹏还有一个爱好，就是特别喜欢玩车。别看李霄鹏表面很沉稳，其实他也喜欢刺激和挑战，有时开车特别快。

十几年前，有一次他从青岛开车回济南，在高速公路上用了两个小时，速度达到每小时200公里，他感觉非常过瘾——那时高速还没有限速规定。后来他的父母知道了这事，将他狠狠地批了一顿，之后他开车再也不敢开得那么快了。

此外，李霄鹏还喜欢打乒乓球，他与鲁能乒乓球男队主教练郭刻厉是好朋友。他说，他乒乓球打得特别棒，在鲁能泰山队没有一个队友能打过他。

李霄鹏说，他不喜欢赶时髦，也不善于包装自己，愿意做一个实实在在的人。他家里没电脑，以前每次随队到外地比赛从来不带笔记本电脑；平时也不怎么看书，不怎么听音乐，有时看看电视、杂志、报纸什么的；再就是一个人坐在那里瞎想事，思考一些问题，至于想什么、思考什么他自己也说不清。

五、李霄鹏最铁的三个哥们儿

当年的中国女足教练组“四驾马车”，都来自鲁能足球队，主教练是李霄鹏，助理教练为李金羽、郝伟和王超。

2011年3月20日，为备战伦敦奥运会女足预选赛，中国女足来济南封闭训练。我和同事专门赶到酒店，看望李霄鹏和他的三位兄弟。

我们来到李霄鹏的房间，他正看五人制足球比赛直播。桌子上摆放着笔记本电脑，电脑页面是他儿子坐在沙滩上的照片。李霄鹏平时在济南时间少，想儿子的时候就打开电脑看看照片。

说到他们哥儿几个，李霄鹏说，教练组很团结，劲往一处使，朝着一个目标前进。正说着，李金羽进来了，见到老朋友很热情。

退役之后的李金羽，变得比以前更成熟和稳健了。李金羽说，他是冲着鹏哥（李霄鹏）的人格魅力，提前退役，转行做了教练。

我们又来到郝伟的房间。1997年，作为健力宝“六小天鹅”之一的郝伟，第一次出现在报端，还是我写的。他说，与李霄鹏一起共事很开心。

与郝伟聊了一会儿之后，我们又找到王超。王超表示，与李霄鹏一起执教女足很快乐。

当年的泰山四条好汉，为了振兴中国女足又走到了一起，各负其责，各尽其能。

我问起执教女足最大的感受，他们的回答如出一辙：中国女足还很困难，女足队员很清贫，但很可爱、很勤奋。四位少帅不约而同地表示，他们没有理由不把女足带好。

李金羽说，经历了重庆四国赛和葡萄牙阿尔加夫杯赛的洗礼，他看到了女足未来的希望。李霄鹏预言，这次预选赛最后的过程将会很惨烈。他之所以选择到济南集训，就是让队员提前适应比赛场地。

济南是李霄鹏和他的三个兄弟足球生涯取得成功的地方。最让他们感动的是，在中国女足最困难的时候，山东省体育局和济南市伸出了援助之手，争取到了这次比赛的承办权。

李霄鹏坦言，抓好每一个备战环节，某些细节要落到实处，所有的努力都是为了2011年9月的五场预选比赛。

2011年9月，中国女足冲击伦敦奥运会失利，李霄鹏主动辞去主教练职务。第二年，郝伟接过女足帅印，率队征战2015年加拿大世界杯，晋级16强。

六、李霄鹏靠什么进的国家队？

李霄鹏当年跨进国奥队和国家队的大门并非一帆风顺。可是他靠实力赢得米卢信任，并作为主力参加了韩日世界杯赛，终于圆了世界杯之梦。

1995年，李霄鹏曾被戚务生选到国奥队，也不知什么原因在最后参加预选赛时落选。那件事对他打击很大，因为按当时李霄鹏的实力他完全可以在国奥队占据一席之地。当看到张恩华等队友在国奥队拼杀，李霄鹏心里很不平静。后来戚务生组建国家队，李霄鹏名落孙山。李霄鹏没有灰心，坚信将来有一天能够凭借自己的实力披上国家队的战袍。

霍顿（鲍比·霍顿）担任国家队主教练时，按照李霄鹏的个人能力和水平，霍顿也应该想到他，遗憾的是李霄鹏再次落选。

1999 年，泰山队夺得“双冠王”，李霄鹏是全队的绝对主力，为鲁能足球队创造辉煌立下赫赫战功。那一年，米卢出任国家队主教练，一下子从鲁能足球队选拔了多名“国脚”，包括舒畅、郝伟、高尧、宋黎辉和宿茂臻等，还是没有李霄鹏的份。当时舒畅也不理解，因为舒畅太了解李霄鹏了。舒畅曾对我说过，李霄鹏状态不错，还入选了当年联赛最佳阵容，米卢理应把他招至国家队。

当看到队友一个个跨进了国家队的大门时，李霄鹏心里很不是滋味。而李霄鹏的父亲劝他不要急，国家队的大门没有向他关闭，一定不要放弃努力，只要在俱乐部把训练搞上去了，相信米卢总有一天会把他招致麾下。

是金子总会发光的，李霄鹏开始走入米卢的法眼。他对李霄鹏有初步认识是在 2000 年超霸杯赛。那场比赛中，鲁能队被辽宁队打得溃不成军，正是靠李霄鹏的一记世界波直接破门挽回了一点面子。这一战，米卢坐在包厢里，密切地关注着双方队员的表现。可是国家队前 12 期集训，米卢依然把李霄鹏排除在集训大名单之外。直到 2000 年 8 月亚洲杯赛之前，米卢才想到了李霄鹏。就这样，李霄鹏搭上了参加亚洲杯赛的末班车。不过他在亚洲杯赛上仍然是板凳队员。不能上场比赛，对于李霄鹏来说，多少有一种失落感。好在他是一个耐得住寂寞的人，他时刻等待着机会。

李霄鹏真正被米卢赏识，是在 2001 年 8 月初上海四国足球邀请赛上。

李霄鹏（孙芪青 摄）

第一场中国队对战朝鲜队，米卢没有给他报名。第二场与特立尼达和多巴哥队争夺第三名的比赛，米卢给了李霄鹏一次证明自身价值的机会。那场比赛中，李霄鹏成了“万金油”，从右前卫踢到左前卫，最后又打起了右后卫，在各个位置尽职尽责，还助攻宿茂臻和张玉宁各攻入一球，令坐在场边的米卢喜上眉梢。赛后米卢高兴地称，四国赛中，他最大的收获是发现了李霄鹏。

米卢喜欢李霄鹏这种技术比较全面的队员。可是在十强赛上的备战中，米卢一直安排李明（大连）打主力右前卫，让李霄鹏做李明的替补。李明在赛前训练中受伤，米卢才想到了李霄鹏。李霄鹏一炮打响，终于征服米卢，从此确立了在国家队的主力位置。

在十强赛首场对阿联酋一战中，李霄鹏攻入中国队的第一个进球。韩日世界杯赛中，中国队一共打了三场小组比赛，李霄鹏场场首发，实现了参加世界杯的梦想。

七、幸运数字是单数

李霄鹏是一个很务实的人，不过他也相信运气。他最喜欢的是单数年，因为他在单数年都过得比较顺，取得的成绩也不错。他向我回忆了十几年来所走过的路程。

“1993 年，我跟随殷导（殷铁生）夺得全国青年联赛的冠军，那是我职业生涯的第一个全国冠军。1994 年，我得了胸腔积液这个病，差一点退出了绿茵场，在医院一住就是半年。1995 年，我跟随殷导夺得首届足协杯赛的冠军。1996 年，我的脚骨折，歇了四个月。1997 年，时来运转，又是在殷导的带领下夺得上海八运会的冠军。可是在这一年联赛的最后一场，我的小腿骨折，1998 年有半年的时间没有上场比赛。1999 年，桑特拉奇带领我们取得中国联赛史上的第一个‘双冠王’。2000年，联赛成绩不好。到了2001年，我如愿以偿入选了国家队，帮助中国队打进了世界杯决赛圈。2002年联赛我们打了个第四，2003年联赛得了第十二名。2004年，图巴（柳比萨·图巴）来了，虽然我们队夺得了‘双杯王’，但与联赛冠军失之交臂，留下遗憾。2005年没能夺得足协杯赛冠军，我多少也有些遗憾，不过今年的成绩还算可以。”李霄鹏回忆起过去的岁月，感慨万分。

八、最敬佩的人是父亲

李霄鹏的父亲李天恩，当年曾是北京队后防线上的一员猛将。

说到自己的父亲，李霄鹏非常自豪："我爸爸的技术和身体条件可比我强，人也长得帅气。要是放到现在，他绝对是一个偶像派球星。此外，让我感到自豪的是，我父亲在1963年帮助北京队夺得全国甲级联赛的冠军。如今能在冠军奖杯上同时刻上父子俩名字的，在中国也许只有我们父子。我如果有父亲的身体条件，完全可以到欧洲闯荡一下，也不会这么早宣布退役，还可以继续踢几年。"

李霄鹏的父亲还是他的启蒙教练。李霄鹏6岁时，李天恩就开始教他踢球，后来把他送到了业余体校，拜曲礼新为师。那时李霄鹏每次训练，父亲都要一陪到底。

九、最感激的教练是殷铁生

在李霄鹏成功的道路上，有一位教练对他帮助最大，他就是足坛名宿殷铁生。

说到自己的恩师，李霄鹏流露出感激之情："殷导把我选到了山东少年队，让我走上专业足球这条路。训练中，殷导对我要求非常严，可是生活中就像父亲关心孩子一样帮助我。记得1994年，我患了一场大病，殷指导把自己家的房子腾出来，让我父母住在他家里照顾我。他爱人还经常为我做好吃的。"

十、名字到底是"李小鹏"还是"李霄鹏"？

2011年，李霄鹏出任中国女足主教练，一时成为各家媒体关注的热点。山东的媒体把他的名字写成"李小鹏"，而省外的媒体包括网上写的都是"李霄鹏"。到底是怎么回事？

我与李霄鹏有着20年的友情，从认识他那天起就喊他"小鹏"。他的真实名字就是"李小鹏"。无论是他的亲朋好友，还是在泰山队，大家都喊他"小鹏"。

为什么变成了李霄鹏呢？这是因为1999年在办理身份证时工作人员把名字搞错了，李小鹏就成了李霄鹏。

尽管身份证上名字变了，但平时大家还是喊他"小鹏"，觉得这样更亲切，也更顺口。

孙华：
鲁能足球的守望者

2020年6月30日是一个特殊的日子，这一天对鲁能体育、对泰山足球队都具有划时代的意义。

国网山东省电力公司与山东省济南市人民政府签署鲁能体育股权划转框架协议，将山东鲁能泰山足球、乒乓球俱乐部部分股权划转给济南市人民政府，并由后者授权相关企业承接股份，最终形成俱乐部股权多元化格局。

时任鲁能足球掌门人孙华对此感触良多，他要站好岗，顺利完成团队交接工作，确保队伍稳步发展。

时间不知不觉到了2020年年底，孙华团队已经顺畅地完成俱乐部各项工作的交接，将“接力棒”交给了吴志东团队。12月27日，山东鲁能泰山足球俱乐部股份有限公司官宣，孙华不再担任俱乐部总经理。随着孙华的离任，山东足球的“鲁能时代”按下暂停键。

我和孙华是老乡，相识已有二十多年。在他担任山东省电力公司外联部主任的时候，我俩就是很好的朋友。孙华非常喜欢足球。那些年，每逢泰山队主场比赛，我就到现场采访，经常在赛场上看到他为心爱的球队加油。

后来，孙华到潍坊供电公司任职，周末回到济南后，他依然坚持到现场观看泰山队比赛，风雨无阻。我经常跟孙华开玩笑：“你这么喜欢足球，说不定哪一天，领导让你做俱乐部老总。”没想到，还真被我言中了。

2015年12月，山东省电力公司任命孙华担任山东省电力公司鲁能体育文化分公司常务副总经理（主持工作）、党委委员，兼任鲁能泰山足球俱乐部总经理。他从一名电力公司基层领导转型进入体育圈，我与他见面的机会更多了。

孙华作为当时国网山东电力方面最熟悉鲁能足球的中高层领导干部之一，最终成为鲁能泰山足球俱乐部的总经理，在我看来实至名归，这是当时俱乐部董事会做出的正确选择。

孙华在全新的岗位上工作勤勤恳恳，进入角色很快，把全部的心血都倾注在球队上。我每次见到他都很心疼，叮咛他要保重身体。看得出，俱乐部总经理的活儿不好干，因为关注俱乐部的人实在太多，他需要承受常人想象不到的压力。

最直接的例子是外援引进工作。优秀的外援大都在欧洲和南美洲，与我们存在七八个小时甚至十几个小时的时差。为了引进优秀外援，孙华在大多数引援窗口期都要开展极其艰苦的谈判，不仅要与对方俱乐部、球员、经纪人反复沟通、谈判，还要和其他竞争对手斗智斗勇，防止被半路“截胡”。为了赶在窗口期完成引援，组好队伍，在严格控制成本的前提下，谈判往往持续半个月到一个月的时间，关键时期更是通宵达旦。有一次，为了引进一名极具潜力的南美外援，孙华曾经三天三夜坚守办公室，只为不错过任何一封电子邮件。

坚守、执着，这是孙华作为一名足球人的显著标签。

虽然从2011年开始我逐渐淡出体育报道的一线，但是我对鲁能泰山队一直保持关注，基本上泰山队的每场比赛我都看，赛后也经常和孙华交流。在球队取得突破的时候，我能感受到他由衷的喜悦；球队遭遇低谷的时候，也能体会到他的焦虑。

孙华正式担任鲁能俱乐部总经理的第一年，恰逢中超“烧钱”的巅峰，中超“军备竞赛”愈演愈烈，即便接下来几个赛季有所降温，鲁能的整体投入也难以企及那些“金元球队”。孙华上任后，更加明晰了俱乐部的发展方向，就是秉承打造百年俱乐部的理念不动摇，以经营和效益为中心，兼顾成绩和人才培养。

前些年，中超联赛“金元足球”大行其道。优秀的外援对于中超球队至关重要，不管是取得优异成绩还是保级，各球队的外援都发挥了关键作用。在很多球队不断加大投入甚至疯狂“烧钱”的情况下，鲁能足球俱乐部作为央企投资足球俱乐部的代表，如何在控制成本的前提下引进优秀外援，不仅确保球队不掉队，而且能进一步取得优秀成绩，回馈广大球迷，是孙华持续思考、不断探索的重要问题之一。

在人才建设方面，俱乐部这些年并没有大规模引进大牌外援，尤为注重性价比；更是放走了王永珀、杨旭、赵明剑等职业生涯正处当打之年的国字号本土球员。这在当时引发了不小的争议，很多球迷感到不解。事实证明，孙华的这一决策审时度势，收获了巨大成功：一方面，通过球员转会为俱乐部带来了可观的经济效益；另一方面，国脚的转会增强了鲶鱼效应，年轻球员逐步挑大梁，很多足校培养的青年才俊充实到一线队，实现了梯队有序成长。

与此同时，俱乐部敢为人先，改写了优先聘任外籍主帅的传统，充分放权，让李霄鹏和郝伟这两位优秀的本土教练走到舞台中央。他们也用出色的执教成绩证明了本土教练的能力。

在俱乐部建设方面，进一步升级了现代化的软、硬件设施。俱乐部开发、研制了很多运动康复方面的软、硬件设施，为球队的运营和管理赋能。其成果集中体现在大数据的应用上，涵盖康复理疗、运动生化、人才引

2016 年 4 月，有着“足球皇帝”之称的前德国足球明星弗朗茨·贝肯鲍尔（左）率代表团到鲁能泰山足球俱乐部参观访问，孙华代表俱乐部赠送纪念品

进、青训管理、球探系统、技战术等方方面面，为教练团队进行科学决策提供了很大支持。

在经营方面，做大做强体育周边产业，成立产业公司，进行赛事组织服务、衍生品开发、球迷服务、赛事组织、足球乒乓球青少年培训，承办企事业单位的体育文化活动，把体育产业的内涵、外延进行了充实和丰富。

另外，和专业票务公司合作，开源节流，精益管理，规范了票务市场，方便球迷购买球票，同时获得了不错的收益，票务经营职业化、专业化、规范化水平更高了。

山东鲁能俱乐部在商业运营方面的发展与改善，以及软、硬件基础设施的全面提升，得到了德国专业体育学术研究机构 SLC 管理咨询有限公司和国际领先的第三方检测、检验和认证机构德国莱茵 TUV 集团的高度认可，顺利通过体育服务质量管理体系（SQS-Sports）认证。这在国内职业俱乐部中尚属首例。鲁能体育作为中国职业体育俱乐部管理水平的代表，赢得国际权威的认可，这意味着俱乐部的职业化运营和国际化发展迈出了坚实的一步。

职业俱乐部的科学、合理、健康运营是一项庞大的系统工程，每个环节都很重要。孙华在担任俱乐部负责人期间，做了很多积极的探索和尝试，不过在球迷心中，对成绩的要求永远都是第一位的。

孙华任鲁能足球掌门人的五年，我觉得可能是鲁能足球历史上稳中奋进、稳中向好的一个时期。他刚接手的第一年，球队在联赛中经历了保级，不过接下来的四个赛季，球队排名始终在前五名之内。与此同时，球队在亚冠的表现更加硬朗，取得了巨大突破，交出了一份可圈可点的答卷：2016赛季闯进八强，2019赛季成为唯一一支以小组第一出线的中超球队。球队在足协杯比赛中创造历史，连续三年闯进决赛，捍卫了“杯赛之王”的美誉。

成绩的背后是孙华数十年来对鲁能足球的感情和责任，如果让我评价的话，我更想称他为“鲁能足球的守望者”。

这些年，孙华始终兢兢业业，为俱乐部付出了很多。最明显的表现就是他外貌的变化：2020年，他比刚担任俱乐部总经理的时候足足瘦了20多斤，头上也增添了不少白发。

对于孙华来说，主管俱乐部的这五年自然也有不少遗憾，比如2018赛季和2019赛季两次折戟足协杯决赛。不过，在即将告别的时候，“事不过三”，他终于率领球队拿到了足协杯冠军，这是对他最好的告慰。

2020年年底，鲁能泰山俱乐部进行多元化股权改革，这是时代的选择。对于俱乐部的股权多元化改革，孙华积极拥护、大力支持。他作为承前启后，帮助球队平稳过渡的最直接参与者，为鲁能足球站好了岗，同时也把新俱乐部的管理层“扶上马”送了一程，交得好、接得稳，两届管理层顺利完成了交接。

作为中国足协执委，孙华一方面继续和中国足协、中超公司以及其他兄弟俱乐部保持良好沟通，保证在交接过程中俱乐部的外事工作不断档，全力为新俱乐部开好局、铺好路，从人员和力量上做好保障；另一方面积极与各股东和赞助商协商、沟通，确保俱乐部的财务状况良好，让球员心无旁骛地训练、比赛。

2021 赛季泰山队勇夺“双冠”，说明泰山俱乐部的改革蹚出了一条成功之路，国家电网公司、中国绿发集团和属地政府多元化投资的模式成为中国足球改革的范本。

足协杯泰山队加冕时，我在电视机前观看直播。当看到孙华出现在夺冠现场，与泰山将士一起高举冠军奖杯时，我仿佛置身现场，感受着欢呼声和掌声。这支球队凝聚着孙华团队的心血和付出，孙华表示，自己永远是泰山队忠实的“第十二人”。

随着俱乐部完成股权改革，延续了23年的“鲁能时代”按下了暂停键。国家电网公司投资山东足球以来，孙华是担任俱乐部总经理时间最长的，加上此前长期在山东电力公司外联部工作，他对鲁能足球的感情极为深厚。

在孙华心中，长达23年的鲁能体育为山东足球、中国足球留下了很多宝贵的财富和经验，创新了与足球相关的文化理念，包括俱乐部经营和管理方面；以鲁能足校为代表的青训，为中国足球输送了大量人才。这些都是23年的山东足球“鲁能时代”留下的宝贵财富。更重要的是，它为山东足球和山东球迷留下了很多难忘的记忆。鲁能足球代表了山东地域文化，成为山东“走出去”，在国际舞台上进行经济、文化交流的一张名片，起到了纽带和使者的作用。

孙华说，股权改革顺利完成后，他依然会竭尽全力帮助山东足球建设、发展，和鲁能足球的历任领导以及众多亲历者一样，一如既往地关心、支持俱乐部以及新任管理团队各方面的工作，这种感情是一脉相承的，也是一种力量。

吴志东：
掌舵泰山，勇夺“双冠王”

2022年4月7日，山东省人民政府通报表扬山东泰山足球俱乐部及有功人员。

通报中说，中国足球职业联赛以来，山东泰山足球俱乐部始终坚守百年俱乐部发展目标，不忘初心、牢记使命，始终如一地坚持青训，以稳定的投入和稳定的管理，为中国足球培养了一大批优秀的运动员和教练员，成为中国职业联赛坚强的基石。特别是在2021赛季，山东泰山足球俱乐部克服疫情等因素带来的各种挑战，不畏强手、团结一心、顽强拼搏，荣膺中超联赛、足协杯赛 “双冠王”，在绿茵场上充分展现了齐鲁运动健儿奋发进取、追求卓越的精神风貌，为山东体育赢得了荣誉，为体育强省建设做出了突出贡献。

山东泰山足球俱乐部党委书记、董事长、总经理吴志东榜上有名，从济南市体育局副局长、济南奥体中心党委书记到山东泰山足球俱乐部掌门人，他只用了一年多的时间，便实现了“双冠王”的荣耀，堪称一位福将。

吴志东一直在体育圈工作，我与他相识二十多年。他当年在济南业余足球体校做校长时，致力于济南青少年足球后备人才的培养。为此，我还曾邀请他走进舜网演播厅，就中国青年足球发展问题以及济南青少年足球发展计划，进行视频直播访谈，与广大网友互动交流。

后来，吴志东走上领导岗位，无论是担任济南市体育局副局长还是济南奥体中心党委书记，他对足球情有独钟，尤其对自己家乡的球队——泰山队一往情深，始终关注着泰山队的成长。

一切就是那么巧合，吴志东也万万没有想到，自己能成为泰山足球的掌门人。尤其是在俱乐部改制的背景下，泰山队何去何从，引发众多泰山球迷以及社会各界的关注。保持队伍稳定、传承泰山足球文化，这是摆在新一届泰山足球俱乐部管理层面前的头等大事。

凭借着多年的专业足球知识积累，以及对职业足球规律的把握，吴志东上任伊始就进入角色，球队的成绩并没有因为股权改制出现波动，而是保持了稳定向上的发展态势。先是在 2020 赛季夺得足协杯冠军，随后又在 2021 赛季加冕“双冠王”，特别是自 2010 赛季后再次拿到中超联赛冠军，这对泰山球迷来说极为振奋，让泰山足球这张城市名片更加靓丽。

一年之间夺得两个冠军，泰山足球成功的秘籍何在？我对吴志东进行了一次深入采访。

一、足球是一个民生工程

1994 年职业化至今，泰山足球俱乐部历任总经理中，吴志东是最正宗的体育人，他经历了从足球从业者到体育系统管理者，再到职业俱乐部掌舵者的身份转变。他认为，这三者的核心都属于竞技体育范畴，都遵循更高、更快、更强、更团结的奥林匹克体育宗旨，都需要把各项工作做到最好，去争夺第一。

吴志东说，从广义上讲，体育运动包括足球运动，是为了满足人民群众日益增长的美好生活的需要，对提升国民幸福指数具有重要意义，可以说是一项民生工程。中国职业足球发展20余年来，从成绩上讲，尤其是男足的成绩，不是非常令人满意。对于足球项目发展，我们需要投入更多的精力。“山东泰山足球俱乐部从成立之初就立志于打造百年俱乐部，远大的目标更需要以扎实的工作为基础，把一代一代人的经验、文化传承下去。”

二、选择管理职业足球是挑战和担当

基于什么原因，吴志东选择从相对稳定的体育局系统，到关注度极高、压力更大的俱乐部任职？在他看来，从市业余体校到市体育局，再到山东泰山足球俱乐部，三个阶段有不同的具体责任。

“选择到职业化俱乐部任职，对自己来说是一种更大的挑战，担负的责任更重了。就我个人而言，还是选择勇于面对这种挑战吧！希望能把山东职业足球搞得更好。除了责任和担当外，我更希望通过足球项目把坚定信念、团结协作、敢于拼搏、永不放弃、勇于奉献的中华体育精神传承下去。通过我们的足球文化把积极向上的、正能量的精神传递给社会，分享给青少年，带动足球项目的普及。”

这些年的从业经历让吴志东加深了对足球的感悟。尤其是成为俱乐部掌舵者后，他对发展足球、搞好足球，有着独到的理解和认识。

“目前，我们应该清醒地认识到，中国足球的整体水平与亚洲以及世界足球发达国家还有很大的差距，包括青训体系、竞赛体系、国家队建设等方面。我们在尽快提升中国足球整体水平方面是有决心的。中国足球改革五十条的内容，都有明确的要求和指导。足改方案已经提出7年了，我感觉在细节的贯彻和落实上还是不够，我们必须要逐条深入贯彻和落实，才能为中国足球搭建强大的基础，让中国足球腾飞具备条件。”

三、振兴中国足球任重道远

吴志东认为，对于泰山足球俱乐部来说，有青训体系（足校）、产业，还有一线队。任何体育事业都离不开强大的基础建设，现在主要是要抓青训，从我们这些年走过的路来看，这一点有待完善和提高，现在我们的首要任务就是要夯实青训基础。其次要广泛普及，整个社会对体育运动包括足球运动的认识都需要提高，对于足球这项世界第一大运动的宣传力度也需要继续加强，让更多的孩子喜欢上足球。

吴志东希望相关部门加强体育师资力量的培训，各级政府部门进一步加强场地建设，作为一项民生工程来建设更多的场地，让更多人投入到这项运动中。

吴志东表示，作为足球从业者，必须善于学习，养成学习的风气，不能故步自封，要正确认识到中国足球目前所面临的问题，要以谦虚、谨慎的态度投入到持之以恒的学习中，借鉴更多高水平俱乐部的经验，不断完善、提高自我。

四、俱乐部股权改制创造“泰山模式”

2021 年年初，山东泰山俱乐部完成股权多元化改革，当时没有成功的经验可以借鉴，俱乐部只能“摸石过河”，面临巨大的挑战。

吴志东介绍，关于股权划转多元化改革，当时省委、省政府和市委、市政府高度重视，成立了四个专班，市委组织部、市财政局、市国资委、市体育局分工明确，从各个方面齐心协力，保障了股权划转的顺利进行。

在此期间，国家电网公司、山东电力公司展现出博大的情怀和对足球的无限热爱，毫无保留地留下团队核心成员和顾问配合过渡，保证俱乐部在最短时间内理顺各种关系，进一步全面发展。

“股权划转完成后，俱乐部新管理团队面临全新的挑战，专业部门与职业俱乐部的管理还是有很多不同。我们与历任管理团队做了很多沟通，很感谢他们毫无保留地配合我们。我们的首要原则就是要细致，把所有的管理、运营做到最细致，才能收获最好的结果。”

五、“双冠王”背后的幸福和挑战

2021 赛季，泰山队制定的目标是“保五争四”，最终结果是夺得“双冠王”。回顾整个赛季，吴志东认为最难忘的是在广州越秀山体育场夺冠。吴志东把球队成功的原因总结为以下几个方面。

2021 年是中国共产党建党 100 周年，俱乐部的管理团队一是突出党建引领作用，将其作为我们的思想指导，深入贯彻到俱乐部管理、球队管理中，把球队打造成为一支能打硬仗的铁军。

二是强大的教练团队。坚持本土化与国际化相结合，建设专业化、年轻化的教练员团队。教练团队凝聚力强，专业分工合理，能更好地发挥球员水平能力。

三是务实、高效的引援。孙准浩、贾德松、石柯、吉翔等球员的引进，很大程度上弥补了球队的短板，进一步提升了球队的实力，在夺冠过程中起到了关键作用。

四是高质量的训练水平。教练组高度重视日常训练，训练设计科学、合理，与实战结合好。比赛是训练水平的体现，只有在训练中展现出高质

2021年足协杯泰山队夺冠后，吴志东（左二）和俱乐部其他高层管理者郑力（右一）、张晓健（右二）、陈勇（左一）合影留念（图片由本人提供）

量、高水平，才可能在比赛中取得想要得到的结果。

五是完善的保障体系。针对封闭赛制，我们在食宿、训练、环境、天气情况、赛程、球员伤病恢复等方面做出最细致的预案，做到万无一失，让球队的战斗力得到百分之百的体现。

“难忘的时刻有很多。越秀山夺冠之夜，我看到看台外越秀山顶上冒着冷雨为球队呐喊助威的球迷，感受到了以他们为代表的众多山东泰山球迷的支持。‘双冠王’捧杯的时刻，我真切感受到山东足球的传承和再创辉煌的喜悦。我看到媒体朋友们的报道，感受到他们一个赛季对我们的鼓励和支持。这些都让我动容，都值得我牢牢记在心中。”

六、新赛季期待年轻队员更快成长

2022 赛季，山东泰山俱乐部重新启航，这个赛季多线作战，吴志东对年轻队员寄予厚望，尤其在亚冠赛场，希望他们能打出泰山队的精气神。

吴志东说，因为疫情反复，还有各种不确定因素，以及与新赛季中超联赛赛程可能发生冲突，俱乐部经过慎重研究，决定派遣 U21 精英队出征亚冠联赛，希望能取得较好的成绩。但作为一支年轻的球队，和对手相比肯定存在实力上的差距，他期待年轻队员打出泰山精神，努力拼搏，得到收获和提升。

吴志东表示，通过观察可以看到，U21 精英队在基本技术、基本素质、基本意识等方面还存在很多不足，下一步还是要继续加强青训建设，把足球基础扎实做好。

吴志东把 2022 年作为俱乐部“作风建设年”，“我们要全面提升管理水平，提高训练质量、比赛质量，取得好的成绩。我们要求山东泰山足球俱乐部的管理者、教练员、球员及全体工作人员要做职业道德的引领者，做家庭美德的践行者，做社会公德的传承者”。

郝伟：
从健力宝小将到冠军主帅

2011 年，笔者与中国女足助理教练郝伟在一起

一提到现任山东泰山队主教练郝伟，不少球迷都会想起 1997 年留学巴西归来的“六小天鹅”。

当年中国足协的一纸调令，把还没有完成学业的六名健力宝小将——李玮峰、李铁、李金羽、隋东亮、张效瑞和郝伟，从巴西调回国内，充实戚务生那届国家队，进而征战十强赛。当时，我赶到淄博，对郝伟的家人和启蒙教练进行了采访。从此，我与郝伟及他的家人开始熟了起来。

正是从那以后，郝伟开始驰骋在中国赛场，并很快在泰山队担任主力。泰山队能够夺得 1999 年“双冠王”，郝伟和王超镇守的两条边路做出过重要贡献。

我曾多次采访郝伟，但真正深入了解他是通过 2007 年上半年的一次专访，当时我在《济南时报》开辟了一个名为《追寻泰山老臣》的专栏，和他进行了一次长谈。

一、练田径打下好底子

当年郝伟在泰山队司职右边后卫，助攻能力突出，是桑特拉奇手下的一张王牌。

谈到自己的足球之路，郝伟透露，他是半路出家，“我哥哥原来是练跳高的，我小时候跟着哥哥练过田径。第一次接触足球是在小学三年级时，杜锡金教练在一次选拔中看上了我。当时我的主项是田径，练的是短跑，速度在全年级都数得着。杜教练找到我时，我根本不知道足球是怎么回事，只是抱着练练看的态度，谁知一下子就迷上了足球”。

“我不是吹牛，我当时的身体条件在同龄人中相当出众。无论是短跑、长跑还是跳高，都是我的强项。杜锡金教练一直把我带到初中，后来我被殷指导（殷铁生）选到了山东青年队，开始走上专业这条路。”郝伟回想当年，豪情初露。

二、留学巴西不容易

从巴西留学归来已经十几年了，可郝伟至今仍然怀念那段充实的日子。

“那是 1993 年，我还不到 17 岁，邢指导（邢天恩）带着我、舒畅、王超，还有李刚，一同到天津参加健力宝队的选拔，我就这样被选上了。”

郝伟回忆起来略感庆幸，也有些自豪：“当时在全国范围选拔，一共 80 多人，从中选出 40 多人，最后一关再刷下来 20 多人，我们那拨人就是这么会集到一起的。”郝伟成为当年泰山队唯一一位该年龄段的入选球员，在当时也被广大山东球迷津津乐道。

郝伟把朱广沪称作“教父”，说朱指导当时几乎为他们这批队员付出了全部心血和智慧：“在巴西的日子，朱指导是我们的教练，更是我们的家长。从生活到训练，他全替我们操心。”

三、学成归来迎来辉煌

1997 年，同其他五名队员一样，郝伟是在众人的期盼中提前回国的。从此，郝伟开始崭露头角。“1997 年十强赛，我们 6 个人被中国足协急召回国，加盟国家队，帮助国家队备战世界杯外围赛。不过由于各方面原因，我回来后没能打上比赛。到了 1998 年，健力宝队回国了，那时候由于各地方足协不同意健力宝队单独组队参加国内联赛，所以大家就各自回到了地方队，我便成了泰山队的一员。”

郝伟回到泰山队后，很快展示出自己的足球才华，得到桑特拉奇重用，成为“双冠王”的主力功臣。他还在 1998 年搭上了霍顿那届国奥队的末班车。“1999 年是我职业生涯中最难忘的一年，我以主力身份获得中国足球史上第一个‘双冠王’，这也是我职业生涯中仅有的两个冠军。”

2000 年 4 月，郝伟又被米卢招致麾下，但没能在国家队站稳脚跟，无缘韩日世界杯，这给郝伟留下了终身遗憾。

到了 2004 赛季，郝伟当时已经转会到陕西国力，因为表现出色，又一次进入国家队的人名单，但仍是匆匆过客。

谈到这点，郝伟心态很平和：“一是自己的能力达不到要求，二是每个教练都有自己的选人和用人标准。”

四、三次手术，差点儿与足球告别

球员时代，伤病一直困扰着郝伟。他一共做过三次手术，可视足球如生命的郝伟在与病魔的斗争中都挺了过来。当时，郝伟手术后重返赛场，简直称得上足球圈的奇迹。

在跟随健力宝队留学巴西期间，郝伟在一次全队的例行体检中被发现肺部不正常，患有肺大泡，容易发生气胸危险。一直非常器重郝伟的朱广沪劝他：“孩子，咱还想不想踢？想踢就做手术。”坚强的郝伟在1995年第一次动了肺部手术。

2000年，状态颇佳的郝伟入选了米卢那届国家队，但查体后他被告知肺部又出现了肺大泡。2001年，郝伟在上海一家医院做手术失败，引发气胸。在济南住院治疗一段时间后，郝伟又到北京一家大医院接受了第三次手术。那次手术很成功。“那次手术不但切除了肺大泡，还治好了我的气胸。之后，我开始了艰苦的恢复性训练，当时回到球队的第一堂课，感觉肺脏功能还不错，心里就有底了，知道自己重新回到场上没啥问题了。”郝伟说。

五、漂泊中有无奈也有收获

经历了第三次手术后，郝伟整整耽搁了三个赛季，在泰山队已经彻底失去了主力位置，于是他选择转会。“我不想就此沉沦下去，而是想让别人看看，我郝伟是条汉子。那一年，申花队的吴金贵教练已经和我谈好了，我的确想去上海，但陕西国力队第一个就摘了我，我也只能认命。”在陕西队一个赛季，郝伟表现出色，不但当上了队长，还入选了阿里·汉那届国家集训队。郝伟总结说：“陕西之行，确实不是我的初衷，但坦白说，已经对得起自己了。”

2004赛季，郝伟如愿以偿加盟北京国安队，但后来沈祥福当上国安主教练后起用年轻队员，郝伟逐渐失去主力位置，不得不另谋出路。当时他一度想回泰山队，包括殷铁生执教的青岛中能队也想要他，可高额的转会费成为障碍，最终他选择了长沙金德队。

"当时想的还是要继续闯荡，尽可能丰富自己的经历。另外，伤病让我耽误了很多时间，我在泰山队发挥的空间已经不大。"郝伟表示，那几年在外漂泊已成为他的习惯。

2007 赛季上半年，我见到过郝伟，当时他还是长沙金德队的队员兼教练。那个赛季结束后，他彻底退役，成为金德队的助理教练，全力协助恩师桑特拉奇的工作。

桑特拉奇重返中超，山东球迷很兴奋。时隔 7 年，桑特拉奇有哪些变化？2007 年年底的一天，我拨通了郝伟的电话，请他谈一谈再次与桑特拉奇相聚的印象和感受。

郝伟告诉我，7 年之后，他与桑特拉奇再次相见，依然如故。"老桑在国内时就已经听说我将做他的助手，非常高兴，毕竟他是我的教练，我们在泰山队一起并肩战斗过。这次我俩再次相见，热烈拥抱。老桑唯一的变化是身体发福了，比以前稍微苍老了一些。1999 年，他在泰山队执教时是 54 岁；7 年过去了，如今成了 61 岁的老教练。老桑的性格没有变化，待人依然非常热情，说话很幽默。在泰山队时我与他是师徒关系，彼此沟通起来还有一定的距离感；现在我成为他的助手和同事，我们交流起来更随意，显得亲切一些。老桑刚到队的第一天，我们队打教学比赛，他让我指挥，自己在场下认真观察队员。后来老桑进入角色，亲自带队训练，我成了他的帮手。"

郝伟表示："我足球生涯最辉煌的一年是 1999 年。感谢老桑给了我机会，当年我司职主力右后卫，发挥出应有水平。他带领我们夺得中国足坛第一个'双冠王'，我个人达到了足球事业巅峰，还入选了国家队。今年我正式退役，开始转变角色做教练，很荣幸碰到的第一个老师就是老桑，这算是我的福分了。"

郝伟说，他与桑特拉奇再次相见，自然回忆起1999年那个难忘的赛季。“老桑说，他很留恋过去在济南的日子，称济南是一座很美丽的城市，济南球迷非常热情和友好。老桑还说，他早已听说鲁能泰山足球俱乐部已经成为中国最大、最规范的俱乐部，他为鲁能泰山取得的成绩和进步高兴。”

六、重返泰山队战绩斐然

郝伟接下来的教练生涯十分精彩：

2009 年 10 月 12 日，郝伟出任长沙金德队代理主教练，成为中超最年轻的主教练。

2012 年 1 月 6 日，郝伟担任中国女足代理主教练。

2013 年 3 月，郝伟正式担任中国女足主教练。

2011 年的中国女足教练班子，从左至右分别为：王超、李霄鹏、郝伟、李金羽

2015 年 8 月 11 日，郝伟向中国足协正式提交辞呈；随后加盟广州恒大俱乐部，担任中方教练。

2017 年 1 月 1 日，郝伟回归山东鲁能泰山足球俱乐部，任中方教练组组长；2017 年 12 月，任山东鲁能泰山足球俱乐部技术总监。

2019 年，郝伟被足协借调，担任国奥队执行教练。

2020 年 10 月 5 日，山东鲁能泰山队主帅李霄鹏因身体原因正式离任，郝伟接任，率队重夺足协杯冠军。

2021 年，山东泰山足球俱乐部成立，正式聘任郝伟为主教练；他率队夺得“双冠王”，实现了从“双冠王”球员到“双冠王”教头的华丽转身。

宿茂臻：
山东足球的一面旗帜

2007 年，笔者与宿茂臻在鲁能足校

宿茂臻在山东乃至中国足坛绝对是功勋级队员，曾获得金靴奖、金球奖和足坛真汉子奖等个人荣誉，也获得过不少集体荣誉。

20 世纪 90 年代，宿茂臻是泰山队的标志性球员、山东足球的一面旗帜。

我关注宿茂臻是从 1988 年他入选朱广沪执教的那届国少队开始的。后来他入选山东队，帮助已经跌入乙级的山东省足球队打进甲 B。

1994 年，宿茂臻成为泰山队锋线的一把尖刀，他与“快马”唐晓程组成“一高一快”组合，成为泰山队的撒手锏。

宿茂臻在泰山队客场与四川队的比赛中受伤，住进了山东中医药大学附属医院。有一天，天下着大雨，我和几位球迷朋友特意赶到医院看望他。从那以后，我与宿茂臻渐渐熟识。我做了记者以后，与他打交道更多了，与他父亲的关系也非常好，我到青岛时还去过他家几次。

宿茂臻驰骋赛场十几年，有过失败的艰辛，也享受过成功的快乐。2002 赛季宿茂臻过得不如意，他也觉察出来，在泰山队可能待不下去了。12 月 25 日，他突然宣布退役。第二天，在山东大厦，宿茂臻以个人名义召开新闻发布会。他声泪俱下，表示明年自己将要离开足球场，到英国留学。

宿茂臻泪洒发布会一时成为轰动中国足坛的焦点事件。我没有参加，对他的这一决定感到非常突然。当时我采访了有关方面的人士，倾听了各方反应。

一、老队友为什么觉得不可思议？

1988 年，宿茂臻入选朱广沪执教的中国少年队。与他一起入队的队友大都功成名就，在俱乐部或球队担任职务，比如四川大河队的魏群、重庆力帆队的符宾、大连实德队的李明。

2002 年 12 月 25 日下午，正在成都的魏群听说宿茂臻准备退役时，顿感吃惊。“这应该是中国足坛的一个特大新闻，我不相信宿茂臻就这样早早结束自己的运动员生涯，我俩年龄差不多，我还没想着退呢，他怎么就想着不踢了？”

黎兵听说宿茂臻退役的消息后也感到很吃惊：“我与宿茂臻在国家队时就是好朋友。我今年退了，可我毕竟已经 35 岁了。他与我不一样，他还年轻，再踢两年绝对没有问题。茂臻人品不错，敬业精神很强。我相信他做教练同样会很出色，祝福他在未来的教练事业中能够闯出一片新的天地。”

二、是不是俱乐部逼他退役?

关于如何看待宿茂臻做出的退役决定，我采访了时任俱乐部总经理董罡。

董罡是决定让宿茂臻退役的直接执行者，他告诉我："我的确没有想到宿茂臻会以个人名义召开这样一个发布会。不过我可以理解一名球员在俱乐部准备让他退役时是一种什么样的心情，毕竟踢了这么多年球，与足球有着深厚的感情，如今就要退役了，感情上一时难以接受。所以，我听说宿茂臻开了个人发布会后，对他的一时冲动和做法也表示理解。"

对于如何评价宿茂臻在过去几年的表现，董罡用了"有功之臣"概括了宿茂臻对山东足球和鲁能泰山俱乐部所做出的贡献。

"宿茂臻的人品和球技有口皆碑，他是我们山东足球的一面旗帜，是鲁能泰山俱乐部年轻队员学习的楷模。对于这样的有功之臣，如何安排好他们退役后的出路是摆在俱乐部面前一个很重要的课题，需要缜密考虑，尽量做到让他们满意。"

董罡说，俱乐部的工作程序也讲究组织纪律性："对于像茂臻这样曾经为山东足球做出过贡献的老队员，我们需要向上级领导汇报。特别是茂臻，从省领导到省体育局的于局长（于学田），再到山东电力集团公司总经理、俱乐部曹董事长（曹培玺），对他的未来都非常关心。领导多次指示，一定要让茂臻满意。俱乐部准备让茂臻带薪到山东大学读书，这是省体育局于局长的意见。于局长认为茂臻为我们山东体育做出过贡献，可是这些年来失去了上大学的机会，俱乐部应该出资帮助他实现上大学的梦想，学成之后再为山东的体育事业做出新的贡献。"

董罡动情地对我说："过去两年，我与宿茂臻和邵延杰等队员建立了很深的感情，可是球队面临一个不容回避的现实就是新老交替，因为新陈代谢是一个不可抗拒的历史规律。老队员退下来，新队员需要补充上去，这也是为了球队长远发展考虑。关于茂臻退役的问题，其实我早就与他谈过好几次，他也需要一个接受的过程，因为对任何人来说，做出这个选择都是非常痛苦的，也是很困难的。”

董罡还表示，任何一名队员将来都要走退役这一条路，俱乐部真不忍心把即将退役的老队员挂牌，这样做未免不近人情。俱乐部在力所能及的情况下，尽量为老队员安排和解决好后顾之忧，因为他们为山东足球和鲁能泰山俱乐部出过力、流过汗，是我们的有功之臣。

三、涅波为什么感觉太突然？

1月25日，涅波（瓦列里·涅波姆尼亚奇）风尘仆仆地赶到济南。我在第一时间将宿茂臻退役的消息告诉这位爱才如命的老帅时，他说的第一句话就是“很突然”。

涅波坦言：“本赛季结束之前以及结束后，我曾经找茂臻谈过话，对他讲，下一个赛季对他来说将面临非常艰苦的竞争。不可否认，在过去的岁月，茂臻为俱乐部、为球队做出了很大贡献，这一点大家有目共睹。”

谈到与宿茂臻的关系，涅波表示他与宿茂臻之间不存在任何矛盾：“在过去的一个赛季，应该说我与宿茂臻相处得非常融洽，我与他之间真正体现了一名职业教练与一名职业球员的关系。无论是在平时的训练还是比赛中，他总是认真完成我的一切要求。今天我突然听说他宣布退役了，的确感到有些意外。不过从另一方面讲，一个队员做出退役的决定也是正确的，因为一名队员需要持续保持状态，为了适应球队，还必须从方方面面做好准备。如果目前身体条件和状态很难达到球队的要求，此时选择退役也是一个明智的决定。在此，我要感谢茂臻对球队以及俱乐部的贡献，并衷心祝愿茂臻在将来的事业中能取得更好的成绩。对我本人来说，要在力所能及的情况下，尽力对他提供帮助。”

我又问他会不会劝说宿茂臻收回退役决定时，涅波表示他不会这样做。“我曾经对俱乐部的领导说过，在我们队中要建立这样一个原则，任何一名队员如果没有愿望留在我们队内，或者不想在我们队踢球了，对他的请求、挽留甚至劝说都没有任何意义。再说球员已经到了成熟的年龄，在他们做出某种决定之前，肯定都会充分考虑。”

四、父亲尊重他的选择

当我把电话打到宿茂臻青岛的家里，把这一消息告诉他的父亲宿鸿远时，老人家心情沉重地感叹道：“我早就知道了，茂臻已把他准备退役的决定告诉了我们。”

我问宿鸿远如何看待宿茂臻的退役决定时，老人家带着遗憾的口气回答说：“我们全家尊重茂臻个人的选择，其他我们也帮不了他。说心里话，茂臻这一次做出退役决定，对他本人来说是一种痛苦的选择，因为他太爱足球了。”

宿鸿远向我回忆起这些年宿茂臻在成功背后所付出的艰辛和经历的磨难：“茂臻从小就非常喜欢踢球，我们全家为了把他培养成才，从小就教育他踢球一定要踢出个名堂来。让我感到欣慰的是，茂臻这孩子很争气，从小也很要强，从市业体踢到了省队，后来又踢到了国家队，还代表中国队参加世界杯赛，为我们山东人争得了荣誉。茂臻能有今天，一方面是他个人努力的结果；还有一方面离不开社会各界的支持和领导的关心，离不开俱乐部的培养。这些年，茂臻多次受伤病的困扰，正是凭借着对足球事业的执着追求以及顽强的意志品质重返赛场。我为有这样的儿子感到自豪。

可是今年他突然宣布退役，我心里也不好受。我认为以茂臻目前的状态完全可以再踢两年，踢不了全场可以打半场嘛，他如果在队内起码可以带带年轻队员。我从来不否认茂臻的能力，如果说他真的不能踢了，状态不行了，为什么今年还能进十个球？按照他今年的状态和实力，明年完全还能在队内发挥突出的作用。要知道，国家培养像茂臻这样的足球运动员是多么不容易，我真希望他能再踢两年。”

宿鸿远还告诉我，宿茂臻的家乡观念很强，前几年不少俱乐部高薪“挖”他，他不为所动，毅然留在山东。“我平时也经常对茂臻讲，是山东培养了你，是俱乐部给了你施展才华的机会，因此你一定要为山东足球多出力、多做贡献，要为俱乐部的荣誉而战。我是这样要求他的，他也是这样做的。”

后来宿茂臻留学英国，我基本上没有与他联系。2006 年上半年，宿茂臻结束了三年的留学生涯，回到中国。2006 年 8 月，在“潍坊杯”国际邀请赛上，鲁能足校正式宣布聘任他为 U17 主教练。

宿茂臻带队两个月之后，中国足协聘任杜伊科维奇（拉托米尔·杜伊科维奇）为国奥队主教练，中国足协任命宿茂臻为助理教练。从此之后，宿茂臻开始了新的征程。

舒畅：
中国足坛“全冠王”第一人

在鲁能泰山队的历史上，舒畅绝对称得上是一位领袖级的队员，他是中国足坛“全冠王”第一人。

舒畅入选过国奥队、国家队，是当年国内足坛后防线最出色的盯人中卫。青运会、城运会、全运会、足协杯、甲 A、中超杯、中超，所有的冠军奖项舒畅全拿过。这个纪录恐怕很少能有人打破。舒畅还在鲁能泰山队

2005 年，笔者与舒畅在鲁能俱乐部合影

创下了 273 场顶级联赛出场纪录，至今没有队友超越。

2005 年 12 月 31 日，泰山队队长李霄鹏正式退役，时任俱乐部常务副总经理韩公政宣布，根据图巴的建议，舒畅成为新任队长。

舒畅与李霄鹏从小在一起踢球，建立起深厚的兄弟情谊。李霄鹏退役，作为小弟的舒畅很不舍，在给霄鹏的临别赠言时，他的眼睛湿润了，并表示今后要以李霄鹏为榜样，带领队友继续拼杀。

此后舒畅担任五个赛季的队长，立下很多战功。

回眸跟随泰山队的几任外籍主教练的经历，对舒畅影响和帮助最大的是桑特拉奇和图巴科维奇。

金正男执教泰山队的时候，曾经安排舒畅打前锋，舒畅没有发挥出自己的特点。桑特拉奇来了以后，舒畅在盯人后卫位置上如鱼得水，起到了后防“大闸”的作用，逐渐在队内确立主力位置。

舒畅还与桑特拉奇建立了深厚的师徒情谊，用舒畅的话说，他能跨进国家队的大门，这里面也凝聚着桑特拉奇的心血。

1999 年，经过桑特拉奇悉心点拨，舒畅进步很快，为入选国家队打下了良好基础。场下的舒畅与桑特拉奇关系融洽，这主要缘于彼此之间的信任。国内球员最怵的就是与外籍教练交流，但舒畅平时与桑特拉奇谈心最多。桑特拉奇很豪爽，喜欢队员有什么问题尽管讲出来，协商解决，不要闷在心里不说，不然彼此之间容易产生隔阂，进而影响训练和比赛。

1999 年，桑特拉奇在发放奖金时将舒畅该得的奖金算错了，舒畅就提了出来，当时桑特拉奇认为没有算错，误认为舒畅与他过不去。后来桑特拉奇经过核实，发现的确是自己的错误，便在全队会议上公开承认了自己的错误。

对舒畅来说，他不是在乎奖金多一点少一点，而是希望付出得到回报。

从那以后，桑特拉奇更加喜欢舒畅这种直爽、耿直的性格。舒畅也愿意找桑特拉奇谈心，所谈的话题既有个人情况，也有对全队训练和比赛的看法。

比赛之前，舒畅如果突然有一个好点子，便及时找到桑特拉奇讲出来。桑特拉奇如果感觉舒畅的建议比较合理，就予以采纳。正是由于平时经常交流，舒畅与桑特拉奇之间建立了相互信任的关系。

当米卢组建国家队时，桑特拉奇竭力推荐舒畅，舒畅的确也具备“国脚”的实力。

中国球员与外籍教练交流最大的困难恐怕就是语言障碍，舒畅对此有不同的看法。他认为，作为球员，需要主动一些，这样能加强彼此的理解和信任，消除和外教之间的误会与隔阂。

鲍里斯（伊格纳基耶夫·鲍里斯·彼得洛维奇）到了泰山队后，舒畅一度受到冷落。这让他很苦闷，不过他很快走出了困境。

舒畅（孙芪青 摄）

图巴执掌教鞭以来，舒畅的状态非常稳定，连续两个赛季打满全年所有场次的比赛。图巴对舒畅非常信任，任命他为副队长。李霄鹏退役后，舒畅成为全队新的核心。

舒畅最难忘的两个赛季，一是1999年跟着桑特拉奇夺得中国足坛第一个“双冠王”，那时他还是一名年轻队员；二是2006赛季，图巴率鲁能泰山队再次获得“双冠王”，那一年舒畅作为队长捧杯。

我与舒畅相识并成为好朋友有很多年了，用他的话说，我是看着他们这一批队员在泰山队长大的。这些年来，舒畅每一次取得进步，我都发自内心地高兴。

我很了解舒畅的为人，球场上他以稳健、卡位意识好而著称；场下的他是一位彬彬有礼的帅小伙，看上去不像是踢球的。其实，他还是一个很重感情的山东汉子。

舒畅出生在青岛，在家中排行老大，他还有一个弟弟。作为长子的舒畅，从小就离开父母来到济南，踏上专业足球之路。

随着年龄的增长，舒畅感觉欠父母的情分越来越多，因为平常不能在父母身边尽一份孝心，他感觉有点儿对不住老人家。所以，只要有空，他就往家里打电话，问候一下父母。

到外地打比赛，只要安顿下来，舒畅做的第一件事就是给父母打电话报平安。比赛一结束，无论输赢，舒畅都要给远在青岛的父母打个电话，与父母交流一下比赛的感受，并请家人指出自己的不足。

舒畅的父母对儿子踢球非常支持，家里无论有什么事情，都尽量不告诉舒畅，免得让他分心，影响训练和比赛。

有一年，舒畅的母亲患病发烧，没有告诉舒畅，直到后来他才知道这件事，感觉很对不住母亲。随后，舒畅把父母接到济南小住几天，以弥补之前自己不在他们身边的遗憾。

每每谈到舒畅，他的父母都很自豪，认为儿子很懂事，待人接物有礼貌。

2010赛季结束后，舒畅正式退役。他到北京注册了一家体育文化公司，开始新的生活。

11年后，舒畅回归母队，担任泰山队领队，和他挚爱的球队继续并肩作战。

王军：
耐得住寂寞的好人

2007年12月，王军到济南时报参加泰山老将士座谈会

2003年7月7日，王军再一次站在泰山队球门前，成为全队的最后一道防线，可最后泰山队还是1比3输给了天津队。加上2002赛季，王军在天津民园体育场一共丢了七个球，天津成了王军的伤心之地。

当裁判吹响比赛结束的哨声，王军很遗憾地走出了赛场。教练徐永来和蒋立升走上前去，拍着他的肩膀，对他的表现给予肯定。邓小飞也主动迎上去，安慰自己的师兄。

一、民园让王军刻骨铭心

泰山队虽然大比分落败，但站在场边的邓小飞、邓程和王超等队员都认为王军表现得相当出色，全场扑救了几个险球，泰山队丢失的那三个球，王军是没有办法的。

教练蒋立升对王军也给予充分肯定，可王军还在为丢失的三个球懊悔。

第一个球和第三个球，王军认为很难防住，因为对方队员射门角度很刁。

第二个失球，主要是与范学伟的配合出现失误，如果范学伟回传球力量再大一些，也许他就能扑住这个球了。

那场比赛丢了三个球，加上2002年丢的四个球，他这两年在民园体育场一共丢了七个球。

“民园，我会永远记住这个令我伤心的地方。两次失了七个球，对我来说简直是耻辱。”虽然王军一再为输球后悔，不过他对自己的未来还是充满信心，期盼能在新赛季迎来自己足球生涯的第二个春天。

二、要耐得住寂寞

1989年，王军从山东青年队荣升省一队。他在国内足坛小有名气，并入选国家青年集训队。

1994年职业联赛开始后，他长期担任泰山队主力门将。直到1999赛季之初，鲁能泰山俱乐部招募来南斯拉夫籍守门员萨沙（萨沙·彼得罗维奇），王军成了替补，他在冷板凳上一坐就是三年。

“我给萨沙当了两年替补，也从他身上学到很多东西，因为萨沙毕竟是南斯拉夫国家队第三门将，他的技术和经验都给我留下了很深的印象。”说到给萨沙做替补，王军对他流露出了敬意。

“从主力到替补，对任何运动员来说都是一个痛苦的过程，你是如何调整心态的？为什么当时没有转会到其他球队？”

面对我的上述问题，为人厚道的王军这样回答：“打不上球，心里的确很不是滋味。好在我是一个耐得住寂寞的人，很快调整了心态。我当时觉得能给萨沙做替补，肯定也能学到不少东西，对于提高球技将会大有帮助。如果换成其他人，也许难以承受打不上主力的打击，很可能就向俱乐部提出转会。我最终没有离开泰山队，不是我恋家，而是我与泰山队有感情，同时我看到了鲁能泰山俱乐部的发展潜力和前景。此外，那一年张蓬生也被借到其他球队，泰山队不能只靠萨沙一人。应该说以上诸多因素是我留下来的主要原因。我属于那种不爱张扬的性格，能够很理性地看待这个问题。”

2003 年，在毛家湾训练基地冬训。从左至右分别为：关震、杨程、张蓬生、王军、邓小飞、韩方腾

三、我是萨沙的好朋友

泰山队的南斯拉夫籍体能教练佩佳离开中国之前，曾经当着王军的面对萨沙说：“你的成功有王军的一半功劳，因为在过去的两年，王军给了

你很多帮助。王军是一个心地善良的人。”

佩佳对王军的评价，表明了王军与萨沙建立的良好关系。

记得萨沙刚到泰山队的那一年，到昆明春训，萨沙还不适应中国的生活，训练之余王军总是陪着他聊天、打乒乓球。萨沙每每见到我，就伸出大拇指，称赞王军是 good man（好人）。

在王军看来，队员在队内竞争一个位置是很正常的，可场下彼此之间应该是兄弟和朋友的关系，要相互补台，不能拆台，这也是为了球队的整体利益。为了让萨沙在比赛中保持状态，王军经常加班加点陪萨沙训练。

主力与替补关系相处得十分融洽，在国内球队比较少见，王军和萨沙就是一个典范。

2002 及 2003 赛季，泰山队打沈阳队之前，王军又无怨无悔地给张蓬生做替补。而在平时的生活里，他俩亲如哥俩儿。

四、妻子的鼓励是动力

王军的妻子雷雳，在中国体坛赫赫有名。作为中国女子垒球队的主力队员，她曾在 1996 年亚特兰大奥运会上勇夺银牌。

他俩是在昆明春训时相识的。雷雳是甘肃姑娘，她看中的是王军为人厚道、淳朴。亚特兰大奥运会后，雷雳远嫁到济南，全力支持王军的事业。如今雷雳已是济南大学的一位教员。

说到妻子，王军感到有些愧疚：“我女儿才两岁，家里还有老人，结婚几年来，照顾老人和孩子的责任全部落在了她一人身上。她做的这一切牺牲，都是为了我的事业。”

王军最感激妻子的是，他当了三年替补，妻子给了他很多鼓励。

每次他回到家里，雷雳从来不谈论他为什么没打上主力，而是鼓励他一定要把训练抓上去，一旦有了机会就要顶上去，有好的发挥，让外人说王军还是好样的。如果因为长期打替补而自暴自弃，训练上不去，比赛场上就不可能完成任务，外人就会说王军就是不行。

王军说，三年来他一直牢记妻子的忠告，即使长期上不了场，他也从来没有放松平时的训练。

五、打沈阳队多少有些紧张

谈起打沈阳队的那场比赛，王军印象很深："蓬生一直打主力，训练也很正常，直到在石家庄打完与新西兰队的比赛后，他才提出要到北京做手术。联赛马上就要开打了，为我们把守大门的任务就落在了我和小将邓小飞身上。打沈阳队之前，教练找到我，要我做好上场的准备。我作为一名老队员、一名共产党员，此时理所当然地顶上去，没有任何退路。"

我问王军："打沈阳队你紧张吗？有没有压力？"

他说："说不紧张是不可能的，毕竟三年没上场了，与队友之间的配合比较生疏。就说上半场丢失的那个球，我要承担主要责任，出击时机没有掌握好。"

我又问："赛前，大家是怎么给你减压的？"

王军的回答很实在："我的队友这样刺激我，说王军你三年没有上场，如果发挥正常反而不正常，发挥不正常才算正常。我知道这是他们采用激将法，让我轻装上阵。我要感谢教练和队友对我的信任。我只要上场一分钟，就要集中精力守好 60 秒钟的大门，力求少犯错误，尽量不犯错误。"

我最后问他："你对未来有什么想法？"

王军的回答充满了信心："我认为我并不老，作为一名守门员，现在的年龄正当年，特别是蒋指导来了以后，我对未来充满信心。我希望以后的比赛越打越好。”

2004 年 1 月 13 日，泰山队重新集结，准备开始冬训。这时，鲁能俱乐部下发了一个通报：守门员王军被鲁能俱乐部任命为见习教练，将跟随新的教练组实习教练工作，辅佐新上任的守门员教练达尔科（达尔科 · 贝洛耶维奇）。这也标志着，山东足球十年甲 A 的主力门将王军，从此正式淡出绿茵场。

回忆过去的岁月，王军感慨万分：“其实并不是每个人都适合当守门员，守门员必须在场上耐得住寂寞。”

王军总是告诫自己的弟子：“你耐不住寂寞就去当前锋。意大利的布冯是好门将吧，可我也没看出他有多么张狂。卡恩喊归喊，怒归怒，但从来不做夸张的动作。现在的媒体就是愿意看一些夸张的动作，本来一个球都出去了，守门员再来个花哨的侧扑，在他们看来那是好门将，但我不这么认为。”

到了 2007 年，做了四年助理教练的王军越来越喜欢教练这个工作，也跟着外教达尔科学到了很多东西。“当球员时，难忘的事情不少。最遗憾的一件事是，1993 年七运会上，我因患上细菌性痢疾，赛前一天突然拉肚子，最后连腰都直不起来，将上场的机会拱手让给了王颢，比赛就这么错过了。”

王军入选过国青队，但没有进过国家队，所以他最大的心愿是能把自己的弟子送到国家队，以圆自己的国家队梦想。

泰山队的两位年轻门将杨程和关震以前称王军师兄，后来他们变成了师徒关系。王军每堂训练课后为他俩加练，希望他俩能在国奥队占据一席之地。

范学伟：
一个重情重义的好男人

2004年春节前，范学伟向球迷送福拜年

当年范学伟在山东足坛乃至中国足坛有着“绿茵常青树”的美称。2006年12月29日，他正式宣布挂靴，出任鲁能足校后备梯队教练。

当天下午，在俱乐部为他举行的退役新闻发布会上，感情细腻的范学伟眼睛湿润，有些激动。

谈到加盟泰山队七个春秋的感受，他思绪万千，感慨良多。

在此，我向球迷朋友分享几个范学伟在足球场外的故事。

一、一个很有人缘的男人

范学伟在足球圈内外朋友比较多，这主要缘于他良好的人缘和口碑。

当年在泰山队，范学伟年龄最大，俨然是一位大哥级的人物。不少队员亲切地喊他“伟伟哥”，舒畅、高尧以及先于范学伟退役的李霄鹏一直把范学伟看作自己心目中的老大哥；王永珀等小队员则尊称他“伟叔”。

范学伟与队友、教练以及俱乐部的工作人员关系融洽，在国内足球圈也有着很好的人脉关系，朋友很多。范学伟比赛时经常穿的那双白色耐克鞋，就是好友李铁送的。

范学伟平时对年轻队员非常关心，时常与他们谈心，交流训练心得和比赛体会，把自己的经验毫无保留地传授给年轻队友。俱乐部两位领导康梦君和韩公政对范学伟的评价很高，称赞他是年轻队员学习的楷模。

二、一个幸福的男人

范学伟有一个幸福的家庭，妻子小谈是南京人。1995 年，范学伟到南京打比赛，认识了漂亮、贤惠的小谈。

1997 年年底，小谈远嫁到山东青岛，全力以赴支持范学伟踢球。2001 年年初，范学伟的儿子范铭业出生，小家伙没有走专业足球这条路，他是一个学霸，2020 年从山东省实验中学考入香港大学。

当球员那些年，范学伟的家就安在俱乐部后面的公寓内。他家庭观念很强，训练之余，只要有空就往家赶，尽可能地陪伴妻子和儿子。

范学伟还经常邀请队友到家里做客，品尝妻子的拿手菜，让队友们感受家的温馨。那几年，泰山队不少队员到过他家，范铭业和他们逐渐熟悉，他能叫得上泰山队所有队员的名字，还能说出这些队员在场上踢的位置。

三、一个知足常乐的男人

范学伟加盟泰山队之前，在青岛海牛队当了四年队长。2000 赛季，范学伟转会到泰山队后，联赛前六轮桑特拉奇一直把他放在替补席上，但他心态平和，没有任何怨言，训练更加刻苦。直到联赛第七轮，泰山队对阵天津队，范学伟才得到桑特拉奇的重用。

他很快凭借自己的能力坐稳主力位置。鲍里斯和涅波执掌泰山队教鞭之后，范学伟继续得到两位俄罗斯老帅的赏识。不过图巴来了以后，范学伟一直在主力和替补之间转换，但他任劳任怨，兢兢业业，时刻做好上场准备，被图巴和俱乐部领导称为“最信得过的老队员”。

谈到心态问题，范学伟平静如水。“我出生在一个工人家庭，能踢到现在，有 14 年职业球员生涯，获得这么多荣誉，已经很知足了。每个队员都想打上主力，可是我深知自己的弱点，体能不是我的优势，我踢球主要靠脑子。随着年龄的增长，前两年我的体能状况的确已经很难保证打满全场，教练安排我打替补，我完全能够理解和接受。不过我并没有放松训练，这也是我能坚持踢到现在这个年龄的主要原因。”

四、一个勤奋好学的男人

范学伟为人谦恭，勤奋好学。原俱乐部常务副总韩公政多次夸他谦虚好学，号召年轻队员向他学习。

范学伟从小就养成了记日记的习惯，成为职业球员以来，仍然坚持每天写训练日记和训练心得。多年来，范学伟写的训练笔记已经有十几本，这些资料成为他做教练后的宝贵财富。

范学伟说：“十几年来，我跟了很多教练，在国奥队跟过戚务生，在青岛跟过吴洪月和刘国江，韩国的金正男和塞尔维亚的奥斯托杰奇也带过我。我跟着殷指导（殷铁生）拿过八运会冠军。到了泰山队以后，我先后经历了桑特拉奇、鲍里斯、涅波和图巴四任外籍主教练。每个教练都有自己不同的执教风格和独特的带队经验，我从他们身上学到了很多东西。平时我经常把这些教练不同的训练方法和战术思路进行整理、归纳、消化和吸收，逐渐变成自己的东西。2006年，我先后参加了亚足联和中国足协联合主办的B级和A级教练员学习班，那些训练笔记终于派上用场了，我切身感受到平时积累的重要性。”

2006年8月，范学伟与宋黎辉一起在大连获得中国足协颁发的B级教练证书。他因成绩优异而被评为优秀学员，破格取得10月在厦门举行的A级教练班学习资格，提前两年获得A级教练员证书，成为中国职业球员中唯一在退役前就拿到A级教练证书的队员。

2007年1月5日，范学伟到潍坊鲁能足校报到，开始自己的教练生涯。对于新角色的转换，范学伟称自己是个“新兵”，带青少年队更是空白。“我需要从头开始，虚心向其他教练学习。宿茂臻和张海涛是我的师兄，他俩比我早几年走上教练岗位，我要多向他们取经。”

五、一个很重感情的男人

范学伟的朋友很多，主要原因是他重感情。在他看来，朋友是一个人一生中最重要的财富。范学伟为人仗义，知恩图报，与殷铁生有着很深的感情，因为殷铁生1997年把他招到山东八运队，并对他委以重任。

每每提起殷铁生，范学伟都会流露出感激之情。“我非常感谢殷指导帮助我实现了人生价值。1997年年底，他向我发出邀请，希望我加盟泰山队，当时青岛媒体展开了一场挽留我的讨论。后来青岛市主要领导出面把我留了下来，可是我的心里对殷指导过意不去。1999年底，我郑重提出转会申请，决定非泰山队不去。时任鲁能泰山俱乐部常务副董事长王

2006 年 12 月 29 日，时任俱乐部常务副总经理韩公政（右）向范学伟赠送纪念品

琳、俱乐部总经理邵克难和主教练桑特拉奇对我发出邀请。那一年，我成为泰山队唯一的内援。2000 年 1 月 10 日，我如愿以偿，披上了泰山队的战袍。时光荏苒，岁月如梭，一晃我在泰山队度过了七个春秋。

我自豪地认为，自己收获颇丰，也很幸福，与全队一起团结奋战，拿了一个联赛冠军、两个足协杯冠军和一个中超杯冠军。”范学伟对过去的经历如数家珍。

范学伟在自己退役的新闻发布会上一连说了好几个“谢谢”。在他看来，他作为鲁能泰山队这个优秀团队的一员，只是尽了一份绵薄的力量，可是俱乐部给了他如此大的荣誉，让他终生难忘。“现在回想起来，我当初到泰山队是一个非常正确的选择。如果能早到一年，也能赶上第一个‘双冠王’。我现在十分留恋这七年的岁月，难忘过去与队友和教练在一起并肩战斗的日子。”

六、一个有着远大抱负的男人

范学伟是一个事业心很强的队员，也是一个非常有智慧的队员，更是一个有着远大理想的队员。与他同时代一起踢球的那些队友，有的早早退役，有的退役之后无所事事。可是他在做球员时心里就确立了一个远大目标：一辈子不能离开足球，不踢球时一定要当教练。

范学伟做球员时在泰山队取得了一些成就，他坚信做教练从鲁能足校起航，一定能够驶向成功的彼岸。他在鲁能足校一待就是四年，潜心培养青少年队员。2011 年，范学伟执掌国少女足，第二年带领山东女足参加辽宁全运会。2014 年，范学伟回到俱乐部，在青训部门工作，之后担任预备队助理教练和领队。

2021 赛季，范学伟在新组建的泰山队担任副领队，协助领队舒畅、主教练郝伟负责球队的日常管理和训练工作。

郭侃峰：
首屈一指的足球伯乐

2003 年冬，笔者在成都毛家湾训练基地采访中国少年队教练郭侃峰

图巴时代，泰山队最走红的几名队员无外乎韩鹏、王永珀、周海滨和崔鹏等。可是不少人未必知道，在他们成长的道路上，有一位教练发挥着关键作用，他就是郭侃峰。

从 1997 年走上教练员工作岗位以来，郭侃峰培养出近 20 名先后入选过国家队、国奥队和国青队的优秀队员。这位昔日的泰山队老将，虽然当年踢球的名气赶不上唐晓程和宿茂臻等队友，但做教练却干出了名堂，如今已是桃李遍天下。

我在 2007 年的一天去采访郭侃峰，他正在省体工大队的训练场上，顶着凛冽的寒风，吼着大嗓门，为三位弟子加练。那段时间，郭侃峰在济南休假，但仍然闲不住，用他的话说，一天不看着孩子们训练就难受。

一、与小队员情同父子

从球员到教练这么多年，郭侃峰始终不变的是他乐观、爽朗的性格。

2003年，在毛家湾基地留影。从左至右分别为：徐群、王永珀、郭侃峰（教练）、刘清

当年郭侃峰在泰山队穿12号球衣，却一直打不上主力。我笑问他原因何在，性格爽快的郭侃峰调侃道："与球衣号码有关，我发现不管在哪个队，12号一般都打不上主力。哈哈！开个玩笑，关键还是我自己的水平不行。"

郭侃峰早早离开泰山一队，成为泰山三队的主教练，到青岛、济南、大连等地选拔队员。

回想起来，郭侃峰为自己的决定和眼光高兴："我当年带的那批队员不少人在一线队打上了主力，我为他们高兴，真的！我做教练远比做球员更有成就感。"

郭侃峰边说边掐着指头向我说出了弟子的名字："泰山队的王永珀、

崔鹏、韩鹏、周海滨、关震、苑维玮、杨程、万程和刘钊，青岛的秦升、刘志勇和徐群，武汉的任永顺、李壮飞和邓小飞，上海的毛剑卿。1998 年，我和张海涛到大连把周海滨和崔鹏选来。2000 年我又到天津，一下子从火车头队‘买’过来八名队员，其中包括关震、苑维玮和杨程。毛剑卿是我在国少队时的队员，组队时没有他，我在一次观看上海少年队比赛时发现这小子是一块‘好料’，便向刘春明推荐。至今，毛剑卿每逢过年过节都给我打电话。王永珀等其他队员更没得说，经常在电话中向我汇报训练和比赛情况，我待他们就像自己的孩子，他们待我就好比自己的家长。”

说到自己培养了这么多队员，郭侃峰高兴得合不拢嘴。

二、为了王永珀遭遇大车祸

郭侃峰培养了这么多弟子，而让他感到自豪也是操心最多的，就是王永珀。

说起当年争夺“小胖”的事，郭侃峰打开了话匣子。

“1997 年冬天，我组建泰山三队，到青岛选苗子，一眼就相中了王永珀。谁想当时汤乐普（青岛队教练）也看上了王永珀，并且做通了王永珀父母的工作，又把王永珀从济南领了回去。这样一个好苗子就这样放走了？我觉得不甘心，更觉得太可惜，于是让朋友安排了一辆车，我又去了一趟青岛。我向他们家人保证，孩子交给我请放心，一定能把他培养成才。在回济南的高速路上，正值大雾天，车开到淄博，一头撞到前面的大货车尾部，车前面的玻璃全碎了，司机当场受了重伤，我也被撞得头破血流。到医院进行了简单包扎后，我又坐着火车连夜赶回济南。后来，王永珀的家人听说后很感动，才把孩子送回了济南，也才有了‘小胖’的今天。”

谈到这件事，郭侃峰连说万幸，“真是大难不死。我为了王永珀这小子差点儿搭上了命，这孩子如果再不好好练，的确对不住我”。

郭侃峰接着又补充道：“这小子调皮，但品质很好，如果其他孩子犯了错误，我一般罚站，可是王永珀每次犯了错误，我都揍他。虽然我知道打孩子不对，但‘小胖’不同，我相信他的品质，品质不好的让我打我也不打。”

说到这儿，郭侃峰打了个哈哈，随后一本正经地说道：“带青少年队与带成年队有很大不同，最重要的就是要教育孩子学会做人，养成好的品格，然后再教他们如何踢球。”

郭侃峰出任泰山三队主教练后一心带队，拿过很多全国小甲 A 联赛的冠军，但因为忙于事业，在家庭上牺牲很大。

“我亏欠家庭太多，好在我爱人和母亲很支持我的工作。1997 年组队时，队里生活条件非常艰苦，我与小队员挤在一个大房子里，连洗澡的地方都没有。我爱人经常从集市上买来母鸡，用电炉子给队员熬汤喝。每到星期天，我把孩子们带回家里，她就包饺子，给孩子们改善生活。后来我们队搬到了潍坊，她还经常买了东西去看队员。”

的确，郭侃峰能取得今天的成就，也多亏了他这位“贤内助”：“我爱人在铁路局工作，平时工作非常忙，但很理解我，从来没有一句怨言。五年前，她临产，当时我在潍坊足校带队训练，听说之后打车赶到医院，儿子已经出生了。后来我到了青岛中能队，每年能有一个月的假期，总算可以陪陪家人了。”

谈到家人，郭侃峰语气里充满了愧疚，同时更透出幸福和满足。“这些年，老人身体很健康，爱人工作干得也不错，儿子更是健康成长，弟弟（郭刻厉）在乒乓球事业上也争气，能有这些，我已经很知足了。”

三、恩师殷铁生是引路人

2005年，郭侃峰离开了鲁能足校，出任青岛中能助理教练。从一名青少年教练变成一名职业教练，对于教练角色的转变，郭侃峰表示自己能够成功，很大程度上要感谢恩师殷铁生。

“殷导是我的引路人，是我永远的恩师。”

“1997年，我退下来，是殷指导的主意。他告诉我，踢球不可能踢一辈子，但做教练却可以干到退休。正是听了殷指导的话，我比同龄的球员早几年进入教练的圈子，才取得了今天的成功。2005年，殷指导又邀请我到青岛中能做他的助手。做球员，殷指导是我的教练；成了他的助手后，我们配合得非常默契。殷指导平时对我言传身教，把自己多年的带队经验毫无保留地传授给我，我受益匪浅。”

郭侃峰特别感谢鲁能泰山足球俱乐部：“我带青少年队几年，虽然日子过得清贫，但生活很充实，有成就感，感谢鲁能俱乐部和鲁能足校对我的培养。我能在2003年到国少队任教，还率队征战芬兰世界少年锦标赛，与鲁能足校的鼎力支持分不开。”

四、阴差阳错与巩晓彬成了队友

郭侃峰出生在体育世家，他的父亲郭少安生前曾担任山东体育学院院长，是我国20世纪50年代的乒乓球运动员。

郭侃峰的弟弟叫郭刻厉，在国家乒乓球队与刘国梁、孔令辉共同师从著名教练尹霄，夺得过亚洲杯单打冠军，曾在西班牙打球，现在是鲁能乒乓球男队主教练。

郭少安希望两个孩子都能继承自己的事业，可是郭侃峰偏偏喜欢上了足球。“小时候，我们家一楼住着山东省足球队队员，我整天跟着他们玩，逐渐迷上了足球。后来，与大彬（巩晓彬）被陈仕仪选到了山东少年队。大彬当时身高就超过了1.9米，打中锋，后来改行打篮球。他脚下移动速度快，与踢了三年球有很大关系。我没跟父亲学打乒乓球，不过乒乓球打得也不错，当时在泰山队没人能打过我。我弟弟打乒乓球，可足球也踢得不错，与李霄鹏关系非常好。在体工大队时，我弟弟经常让李霄鹏陪他踢足球，李霄鹏也让郭刻厉陪他打乒乓球。我退役之后，李霄鹏的乒乓球在泰山队无敌了，哈哈，这主要是受了我弟弟的影响。”

如今郭侃峰重回山东鲁能泰山足球学校，主管足球业务。他将是鲁能足校未来很长一段时间在足球事务方面的主要管理者。

张海涛：
伤病击碎职业生涯

追逐绿茵之梦数十载的张海涛，从昔日山东男足后防的一道“大闸”开始，走过了一段非同寻常的奋斗之路。

2004 年 4 月，笔者赴日本广岛采访奥运会女足预选赛，与主教练张海涛在一起

一、贝利是他的偶像

张海涛出生于体育世家，父亲张本诗是山东师范大学的著名足球教授。受家庭熏陶，他从小就喜欢足球。

1977 年，贝利（埃德松·阿兰特斯·多·纳西门托，又名“贝利”）代表美国宇宙队在北京与中国队进行比赛，父亲带张海涛到现场观看，张海涛亲眼领略了球王贝利在绿茵场上潇洒的风采。从那以后，贝利就成了他的偶像。

在成长道路上，对张海涛影响最大的还是他的父亲张本诗。张海涛上小学时，张本诗开始教他颠球、带球、过人等基本功。不过，张本诗当初其实并不希望儿子继承自己的事业，而是想让他把踢足球作为爱好，将来上大学。

1983 年暑假，陈时仪组建山东少年队，利用暑假在省体工大队进行全省范围内的选才。张海涛的母亲许金明抱着无所谓的态度也为儿子报了名。几天后，许金明的同事告诉她，张海涛被选上了。许金明回家后便与张本诗商量，最终他们同意张海涛走踢球这条路。就这样，张海涛子承父业，1983 年暑假后与唐晓程、郭侃峰，还有山东男篮主教练巩晓彬一起，入选山东少年队。

二、他是朱广沪的得意门生

1989 年，朱广沪组建国家少年队，张海涛和宿茂臻双双入选，张海涛还被委任为队长。

朱广沪认为，张海涛身体条件出众，弹跳能力强，具有良好的意识，有意重点栽培他。张海涛在比赛中少年老成，球技进步很快。

从国少队归来后，张海涛荣升山东一队，成为当时国内征战甲 A 联赛最年轻的队员。

1990 年山东队从甲 A 降到甲 B，又降到乙级队，张海涛作为主力与队友顽强拼搏，帮助山东队在 1992 年又成功打进甲 B 行列。1993 年甲 B 联赛，作为后防中坚的张海涛攻进七个球，而且几乎全是头球。

三、同批队员中第一个入党

张海涛是一个有理想、有追求的人，平时自我要求非常严格，不仅生活上严于律己，政治思想方面也有很高的目标、追求。1992 年，他成为山东队同一批队员中的第一个共产党员。

谈到这一点，原山东队领队王福水评价道，张海涛是一个思想品质非常过硬的队员，不但球踢得好，思想作风也正，可以说每个方面都称得上是其他队员学习的楷模。

四、伤病击碎职业生涯

1994 年，中国足球甲 A 职业联赛开打，时任泰山队主教练殷铁生把拖后中卫的重任交给了风华正茂的张海涛。

比赛中，张海涛坐镇后方，发挥稳健，表现出“一夫当关、万夫莫开”的“大闸”气魄，很有希望入选国家队。可是在联赛第 12 轮泰山队客场挑战广州太阳神队的比赛中，他与彭伟国拼抢时被对手踢伤了右膝关节前十字韧带。

那一年，张海涛为泰山队征战了 12 场比赛。为了重返赛场，他多方求医，先是保守治疗，不过没有效果；1996 年不得不到北京接受手术治疗，但效果仍不理想。张海涛不想放弃自己的足球之梦，一直带伤坚持训练。

1998 年金正男执教泰山队后对张海涛寄予很大期望，但他受伤的右膝关节迟迟没有彻底痊愈，不得不遗憾地在这一年宣布退役。

五、成为可可维奇的好帮手

1999 年，南斯拉夫籍教练可可维奇（可可维奇·乔科）出任鲁能足球学校总教练，张海涛成为他的助手兼翻译。

张海涛谦虚好学，从可可维奇那里学到不少先进的足球知识，为后来独立执教青年队打下了坚实的基础。那几年，可可维奇在全国各地讲学，张海涛都是他的英语翻译。

2000 年和 2001 年，张海涛作为鲁能 U21 队主教练，率队两次获得全国甲级俱乐部预备队冠军，执教能力开始引起中国足协的关注。

六、差点儿成为阿里·汉的助手

2003 年年初，阿里·汉出任中国国家队主教练，张海涛差点儿成为他的助手。

当时国际足联特派专家在广东清远举行中国教练培训班，张海涛担任国际足联专家的授课翻译。

张海涛流利的英语和对足球清晰的理解、思路，引起中国足协有关领导的注意。他们认为，阿里·汉正需要像他这样的助手。

其后进行的有关民意测试，张海涛得票很高。可就在宣布这一消息的前一天晚上突然出现变故，最后足协以他没有带过甲 A 球队为由放弃了他。

2004 年 4 月，奥运会女足预选赛，主教练张海涛（左一），助理教练高荣明（左二）、赵争春（右二），中国足协主席阎世铎（右一）在比赛现场

七、受到维拉潘赞赏

2003 年 7 月，张海涛受中国足协委派，参加了国际足联委托亚足联举行的职业教练培训班。

在菲律宾、柏林和首尔三站的学习中，张海涛的理论课考核门门都是优秀，最后的结业论文也被评为优秀，赢得了亚足联秘书长维拉潘（彼德·维拉潘）的好评。

维拉潘曾当着中国足协专职副主席阎世铎的面夸奖张海涛是一位非常有前途的教练，建议中国足协今后把他列为重点培养对象。从那以后，阎世铎开始了解张海涛，张海涛也成为中国第一位具有国际任职资格证书的教练。

张海涛因为在雅典奥运会上没能带中国女足出线，回国后交出了帅印，回到鲁能俱乐部担任助理教练，做图巴的助手。

张海涛谦虚好学，跟着图巴学到了很多先进的训练方法和管理球队的理念。为了加强对年轻教练的培养，2008 年 3 月 15 日，张海涛与范学伟、李刚一起到德国老牌足球俱乐部科隆深造学习，他们三人成为鲁能俱乐部成立十年来第一批公派出国学习的教练。

如今张海涛回到鲁能足校担任梯队主教练。他在培养青年球员方面有着独特的经验，培养了一大批优秀球员，泰山队助理教练韩鹏、主力队员郭田雨和段刘愚等都出自他的门下。

金正男：
在山东两次黯然“下课”

1999 年冬，笔者在海埂训练基地与金正男在一起

1998 年 1 月 5 日，山东电力集团介入和经营山东足球。令人耳目一新的变化就是观念先进，坚持走“请进来、走出去”的路子，提高球队水平和队员球技，尤其是开了山东足球引进外籍主教练的先河。韩国老帅金正男则是山东足球史上第一位外籍主教练。

一、金正男在泰山队留下“好人”美名

1998 年 1 月 27 日上午，鲁能泰山足球俱乐部举行迎春茶话会，金正男出现在众多媒体记者的面前，并从时任山东电力集团公司董事长刘振亚手中接过了红色聘任书，聘任期为一年，当时全场爆发出热烈掌声。金正男有幸成为山东足坛第一位洋教头。

当晚是除夕之夜，金正男与鲁能高层共度新春佳节。大年初一，恰巧是金正男 55 岁的生日。时任中国足协专职副主席张吉龙与曾经担任过韩

国足协秘书长的金正男是老朋友，他这一次借回山东老家过年，专程参加了金正男的生日宴会。

大年初三，金正男率队离开济南飞赴厦门，参加八一队、延边敖东队和厦门队参加的对抗赛。之后，金正男又率泰山队赶到昆明，参加中国足协组织的一年一度的春训和体能测试，从此拉开了执教鲁能泰山队的帷幕。

金正男接受鲁能泰山俱乐部的邀请，是下了很大决心的，因为他来中国之前担任韩国足协秘书长，且已被提名竞选韩国足协主席一职。为了干一番事业，金正男毅然抛弃仕途，欣然接受了鲁能泰山俱乐部的诚邀。

另外，金正男还在亚足联担任技术官员，对亚洲足球和中国足球十分了解，与中国足协一些官员私交甚好，加上他是延边敖东队主教练崔殷泽的学生，基于上述原因，鲁能俱乐部才把主教练的帅印交给了他。金正男看了几盘泰山队在1997赛季比赛的录像带后，对泰山队印象不错，对鲁能俱乐部向他提出冲进三甲的目标信心满满。

可是，金正男没有预料到，在联赛开战后，泰山队遭受着缺兵少将的困扰。先是后防中坚队员在厦门四强赛上，与守门员王军撞在一起，右侧腓骨骨折。继而泰山队头号射手宿茂臻在日本东亚四强赛上，被韩国队12号队员踢伤。宿茂臻意外受伤，让金正男大伤脑筋。加上几个主力队员状态下降，在金正男看来，缺少了宿茂臻的鲁能泰山队锋线攻击力锐减。金正男当时十分恼火，把电话打到日本，痛斥那位踢伤宿茂臻的韩国队员。

另外，李霄鹏在1997赛季最后一轮受伤，这样联赛还没有开打，泰山队前、中和后三线就缺少了三名绝对主力。金正男出征未捷，就已折三员大将，这是一个“不祥之兆”。在联赛前泰山队打了三场热身赛，先是以两个1比2输给了来访的韩国现代恐龙队，接着又在3月15日甲A义赛中，惨败给降班马天津队。

金正男开始意识到，实现冲三甲的目标很难。我几次问到这个问题，金正男都没有正面回答，总是声称自己将尽最大努力，朝着既定目标迈进。

二、愿望很美好，现实很严峻

联赛开打后，金正男不得不从现有队员中挖掘潜力，寻求最佳组合。首轮比赛，泰山队没有改写逢青不胜的历史，0 比 2 不敌青岛海牛队，没有实现开门红。接着，在主场分别以 1 比 1 和 0 比 0 逼平阵容豪华的四川队和前卫队。不过三场比赛一场比一场打得好，进攻有气势，新的打法逐渐形成。

联赛第五轮，由于裁判因素，泰山队客场输给了广州松日队，但表现可圈可点。联赛前五轮虽然一场都没有赢，但队员对金正男没有失去信心，对他的执教思路佩服得五体投地。不少队员私下里告诉我，金正男推崇的韩国风格符合先进潮流，从中、前场展开紧逼，逼得要紧，抢得要凶，攻守要快。

金正男还将竞争机制引入到鲁能俱乐部，推出谁的状态好谁上的做法，也深受队员欢迎。联赛打了四轮，泰山队在场上气势如虹，攻防节奏很快，慢慢地打出了韩国足球的味道。队员已经认可金正男的执教能力。泰山球迷和山东媒体对金正男持理解、宽容和支持的态度。

1998 赛季泰山队的球市较 1997 年升温，主场对四川、前卫两个队，每场涌进 3.5 万人，表明泰山球迷对金正男的支持和厚望。不少媒体在剖析泰山队不胜的原因时，大都用“巧妇难为无米之炊”的词句来为金正男开脱。媒体认为，就目前鲁能泰山队的状况，金正男能带成现在这个样子已经很不容易。有的媒体还拿金正男与崔殷泽相比，因为崔殷泽带延边队在第一阶段也是溃不成军，五场比赛仅得 1 分，但后来越战越勇，刮起了“黑马”旋风，夺得联赛第四名。

我多次对这位可敬的韩国老人进行过深入采访，对他的执教风格和为人有一定的了解。媒体和泰山队内部称金正男是一个好人，一点也不过分。金正男曾经告诉我，他信仰基督教，做人的原则是与人为善。他从来没有对队员发过火，输了球总是一个人把责任和困难扛起来。

金正男还对我说过，他对中国的儒家文化怀有浓厚的兴趣。在泰山队执教期间，金正男曾专门抽空到曲阜孔府一趟，瞻仰了儒家文化先师孔子，受益匪浅。他深深领悟到，中国的儒家文化博大精深。

我多次采访金正男的训练课，发现在训练场上他非常投入和敬业，虽年过半百，但表现出了良好的精神面貌。可是我没有见过一次他对队员发火，这一点恰恰与其他韩国的教练相反。最明显的例子是金正男的弟子李章洙，他执教重庆队以严厉著称，曾经因为一名队员不符合李章洙的要求，李章洙竟然用头去撞那名队员，把那名队员的门牙都撞掉了。

金正男为什么对队员如此宽容？他解释说，如果队员不符合教练的要求，打他一巴掌，或者很严厉地训斥一通，是一件非常容易的事情，可是他并不喜欢用这种执教方式对待自己的队员。他讲究将心比心，更加爱护队员、尊重队员，不伤害他们的自尊心，保护他们的个性，让队员知道教练是为了他们好，队员一旦明白这个道理，就会在球场上好好表现自己，不辜负教练的一片好心。

比赛中，金正男倡导打攻势足球，改变泰山队以往防守反击的风格，让比赛变得好看，与国际接轨。不过事与愿违，泰山队队员当时的实力还不具备打攻势足球的条件。正因为如此，金正男良好的愿望没有换来好的结果。

三、金正男从泰山队“下课”

联赛第一阶段，金正男赢得了大家的谅解。可是到了第二阶段，泰山队连连受挫，金正男开始遇到信任危机。比赛中，泰山球迷多次喊出“金正男下课”。

我曾问过金正男，如何看待“下课”和“上课”。他是这样比喻的，教练员“下课”和“上课”，其实就好比一个人的生死，是非常正常的事，是难免的。可是没有一个人整天想着死，而是想着过好每一天。作为一名职业教练，他不会在意“下课”，只要在位一天就要全力以赴。

在金正男看来，他很理解泰山球迷喊他“下课”，因为他们对这个球队有感情，恨铁不成钢。他从来不怪罪球迷。

我还问过他，来中国执教是不是承受的压力很大。金正男表示，他做教练压力最大时是 1986 年，带领韩国队参加墨西哥世界杯赛。

金正男在泰山队遭受创伤和打击最大的一次是 1998 年 8 月 9 日泰山队主场迎战北京国安队。泰山队急需一场胜利，但最后两队还是以 3 比 3 战成平手。泰山球迷在比赛中多次喊出“金正男下课”。比赛结束后，众多的泰山球迷围堵在体育场出口，再次高喊“金正男下课”，迟迟不愿离去。后来在执勤警察的劝说下，球迷才离去。

新闻发布会上，金正男涨红了脸，眼圈都红了。回到休息室后，时任山东省体育局局长于学田来看望和安慰金正男，肯定了他在前一阶段的工作。刚刚遭受了不赢球打击的金正男泪流满面，他向于学田表示，在接下来的比赛中一定要带领鲁能泰山队取得胜利。

据我了解，那天晚上，金正男难以承受巨大的压力，向俱乐部总经理邵克难口头提出辞职，没有被批准。

联赛第19轮，泰山队客场挑战深圳平安队，金正男和弟子车范根“决一死战”，他俩谁都输不起。可是在那场比赛中，泰山队还是以3比4输了。我没有到深圳采访，没能亲眼见证金正男最后一次指挥鲁能泰山队的悲壮场面。19轮过后，泰山队仅取得5胜、7平、7负的成绩，保组形势岌岌可危。

8月24日下午，也就是泰山队与深圳队比赛后的第二天，济南下着小雨，我突然接到俱乐部通知，让我去贵友大酒店参加一个新闻发布会。当时我有一种预感，可能是泰山队要炒掉金正男。新闻发布会上，大家一看只有时任俱乐部常务副董事长王琳和殷铁生两个人在，就明白殷铁生要接替金正男。就在王琳宣布这一消息的时候，金正男和泰山队成员正在从深圳飞回济南的飞机上，他还被蒙在鼓里。因为合同没有到期，金正男被任命为俱乐部技术顾问。

被大家公认为好人的金正男结束了在鲁能泰山队执教的使命，黯然回国休假。

四、第一时间披露金正男“转会”青岛

1998年12月4日，我突然接到好友王东宁从青岛打来的电话，他告诉我一个消息，即他的一个朋友在青岛机场见到了金正男。

凭着一种新闻敏感性，我当时猜测金正男可能要到青岛去执教。因为当天上午，青岛海牛队主教练李应发从大连给我发来传呼信息，告诉我他没有与青岛海牛俱乐部谈妥，已经回到大连，现在海牛队主教练人选成了空缺。于是我推测，金正男很有可能到青岛谋求新的职位。

经过多方打听，事实证明我的判断是正确的。据我了解，当时青岛颐中董事长对金正男很感兴趣，当听说他与泰山队的合同已经到期，新赛季

泰山队又不打算让他复出，便开始考虑聘任金正男为新赛季主教练。

而金正男虽然执教泰山队功败垂成，但对山东人民的热情好客甚为感动。尤其是鲁能泰山俱乐部为了表示对他工作的肯定，曾经向上级有关部门打报告，建议授予他齐鲁友谊奖，金正男感激不尽。当然，他也愿意为山东足球继续贡献力量。

再说，颐中董事长和青岛球迷对金正男一直怀有好感。金正男与颐中俱乐部谈得非常投机，当晚就达成了合作意向，并草签了合同。尽管金正男这一行踪非常神秘，但还是被我捕捉到了。

12月5日，我在《济南时报》率先报道了金正男入主青岛队的消息，令鲁能泰山俱乐部高层措手不及。

我听说，总经理邵克难看到报道后很恼火，怀疑是俱乐部内部人员向我透露的消息，把几个副总叫到他的办公室逐一盘问。

俱乐部也只好在当晚6点给金正男举行欢送宴会，在俱乐部上下和球队全体队员面前宣布金正男将到青岛的消息。

据我所知，金正男到青岛执教，几位副总的确不知道，泰山队队员更是一无所知。按照总经理邵克难和其他俱乐部高层的意思，金正男入主青岛队的官宣最好等到桑特拉奇来济南，他们万万没有想到还是被我抢先得到消息，不得不提前公布于众。

12月6日，金正男参加了王军的婚礼，之后颇为留恋地离开了济南。宾馆的服务员听说金正男要走了，含着眼泪为他送行。不少队员流下了眼泪，送别金正男。作为泰山队的第一位外籍教练，金正男为泰山队带来很多先进的东西，与大家建立了很深厚的感情。

邵克难曾动情地对我说过，金正男很善良，是一位可敬的老人。他还告诉我一个小故事：金正男带队到广州打比赛，有一天天快黑了，阴着天，金正男在宾馆前看到了一个卖芒果的妇女，还剩下十几个芒果没有卖掉，这位妇女央求金正男买几个，金正男掏出100块钱，把篮子里的芒果全部买下，没让那个妇女找钱，把芒果带回宾馆分给队员吃了。

五、“好人”再一次壮志未酬

12月7日，青岛颐中海牛俱乐部为金正男上任举行发布会，我特意从济南赶到青岛。在会上，青岛市体育局的一位局长对金正男给予很高评价，并感谢鲁能泰山俱乐部帮助海牛队物色到了一位非常优秀的教练。

金正男听到这一番赞美之辞，非常激动，表示有信心带领青岛海牛队实现杀进六强的目标。

金正男此番接过青岛海牛队的教鞭，还有一个很重要的原因就是他在鲁能泰山队没有获得成功，为了证明自己，才毅然接受这个挑战。不过他仍然很留恋在济南的日子，对泰山队队员也怀有很深厚的感情。

1999年1月，我到海埂采访春训，见到了金正男。老人家对我非常客气。我很清楚地记得，金正男出钱专门买了几箱红牛饮料，送到鲁能泰山队驻地，以表达心意。

我问金正男，为什么给泰山队队员送红牛饮料？他说，红牛饮料营养丰富，他知道泰山队队员很喜欢喝这种饮料。分别了一段时间，他很想念他们，这一次在昆明见到昔日弟子，心里非常高兴。

可是1999赛季，随着联赛的开始，金正男在青岛的处境非常艰难，主要原因是青岛队很复杂，成绩不好。

青岛球迷也很苛刻，对金正男要求很高。联赛打了六轮，青岛队只赢得一场比赛的胜利。足协杯赛，青岛队以0比7惨败给重庆队之后，金正男陷入信任危机。青岛队主场迎战上海申花队，青岛队在场面上占据一定的优势，可是最终还是以 1 比 2 落败。当时愤怒的青岛球迷在比赛结束后，一起乘坐大巴到青岛队基地，高呼“金正男下课”，并要求与金正男对话。青岛警方闻讯后，立即派出警力，要求球迷冷静。个别情绪激动的球迷几次要冲上楼去与金正男对话，被警察和工作人员劝阻。谁也没想到，金正男突然从楼上走下来，用流利的汉语对众多的球迷说：“我告诉你们，我正式‘下课’了，你们不要闹了。”然后，他转身离去，众多岛城球迷顿时一起鼓掌、欢呼。金正男这一举动，也让颐中海牛俱乐部总经理秦宁措手不及。秦宁找到金正男，希望他能收回辞呈，但金正男态度坚决，并表示中国与韩国的足球环境有太大差别，他承受的心理压力过大，只好请求辞去主教练职务。

金正男带青岛海牛队只打了 11 轮比赛，战绩是 3 胜、2 平、6 负。最后，他再一次壮志未酬，黯然回到了韩国。

金正男是一个非常重感情的人。1999 年泰山队到韩国拉练，他听说之后，特意赶到泰山队出访的城市看望大家，还让他的老伴给每一个队员准备了一份礼物，这让泰山队队员非常感动。

桑特拉奇：
在海埂向假新闻“开炮”

笔者与桑特拉奇合影（袁勇 摄）

在来中国执教的外籍教练中，桑特拉奇绝对称得上非常成功的外籍主教练之一。后来中国足坛刮起南斯拉夫籍教练旋风，也是因为他的成功。

桑特拉奇是一位神奇主帅，率队第一年便创造历史，带领鲁能泰山队获得中国足坛第一个“双冠王”。如今，这位可爱的足球老人已经离开我们六个年头了，他为泰山队创造的奇迹、为山东足球做出的贡献，永远载入山东足球和中国足球的史册。

1999 赛季，桑特拉奇春风得意，泰山队也非常幸运，一场比一场打得好，12 月 5 日夺得联赛冠军。

仅过了一周，泰山队又在足协杯决赛第二回合较量中，上演了一场大悲大喜、跌宕起伏的经典大战，最终凭借乌拉圭外援罗梅罗（路易斯·阿尔贝托·罗梅罗·桑托斯）的三粒神奇入球，以 3 比 2 逆转大连队，在山东省体育中心问鼎冠军，实现了“双冠王”的梦想。

赛后，桑特拉奇泪流满面，绕场欢呼，与全场球迷分享胜利的喜悦。

我与桑特拉奇建立友情是在1999年的昆明海埂冬训期间。那一年，我在海埂待了一个月，与泰山队队员朝夕相处，天天泡在训练场上。那时候，桑特拉奇风光无限，在所有来华执教的外籍教练中，他最受中国足协的青睐和媒体的关注。

桑特拉奇来中国执教之前，最辉煌的战绩就是率领南斯拉夫队打进法国世界杯16强。他被评为当年年度世界最佳教练，从此名声大振。

在海埂冬训中，泰山队每次训练都能吸引众多人的眼光。时任四川队主教练的余东风常常忙里偷闲，来到泰山队训练场边观看桑特拉奇的训练。余东风认为桑特拉奇安排的训练内容新鲜、实用，比较适合中国球队。

与此同时，关于桑特拉奇的新闻也越来越多。某日重庆一位记者杜撰了一条消息，称桑特拉奇抨击中国足协体能测试。桑特拉奇得知后非常气愤，专门找到足协春训办公室的负责人，称那位重庆记者不负责任的报道是往他的脸上抹黑。中国足协负责人没收了那位重庆记者的记者证，于是引发了一场“海埂春训办官员该不该没收记者证”的大讨论。

有一天晚上，中国足协春训办召集八名外籍教练开会，桑特拉奇在领队殷铁生和翻译李良石的陪同下参加会议，他还代表外籍教练做了生动的发言，赢得中国足协有关负责人和春训办工作人员的充分肯定和赞誉。

桑特拉奇称，他们来中国执教不是来改造中国足球，也不是与中国教练为敌的，而是为中国足球注入新的动力，逐步融入中国足球，把全部知识毫无保留地传授给中国运动员及教练员。

桑特拉奇还表示，他赞成中国足协推出的12分钟跑作为球员体能测试内容，在当前这种环境下，中国足协执行12分钟跑是正确的。对运动员来说，职业足球是他们的义务，现在运动员的权益要大于义务，要让运动员知道义务高于他们的权益。

在海埂12分钟跑测试中，泰山队一炮打响，参加测试的队员全部过关，桑特拉奇在队内建立了很高的威信。时任俱乐部总经理邵克难当着全体队员的面，郑重宣布桑特拉奇是俱乐部二号人物，仅对他负责。

泰山队12分钟跑集体闯关成功，还要得益于桑特拉奇的老师——年近七旬的体能教练佩佳，正是他的科学训练才取得如此明显的效果，为泰山队全年创造佳绩奠定了良好的基础。

联赛开始后，我跟随泰山队转战南北，多次近距离采访桑特拉奇。在我眼里，桑特拉奇是语言大师、魔术师和表演家。比赛场上，性格外露的桑特拉奇很会煽情，队员进了球或者赢得比赛的胜利，他会又蹦又跳，做出一系列滑稽的动作，极富感染力，也能把看台上球迷的情绪带动起来。

桑特拉奇高兴的时候，会磕头作揖或者与老佩佳一起跳舞；痛苦的时候，经常仰天长叹。

说桑特拉奇是语言大师一点也不为过。我采访他时，他经常挂在嘴边的两句话是“慢慢来”“千里之行，始于足下”。那一年，他与媒体十分配合。

桑特拉奇很会做队员的思想工作，他说话讲究艺术性，会使用激将法，至今还在足球圈内广泛流传的他说的一句话就是，“邓程将成为中国最伟大的球员”。

2000年，泰山队准备到海外拉练，桑特拉奇坚持选择塞尔维亚。事实表明，塞尔维亚之行不成功，宋黎辉等主力队员还在拉练中受了伤。

“双冠王”的成就让桑特拉奇有些看不清自己的位置。泰山队在塞尔维亚集训时，领队邹新光因为一点小事没有达到他的要求，就被他当众撤销领队职务。与此同时，队员与桑特拉奇的关系也开始紧张起来，有队员公开指责他“霸道、武断、我行我素”。就连佩佳、得意门生萨沙还有外援戴尼斯也开始疏远他。佩佳说，桑特拉奇的工作态度远远不如前一年，脾气也大多了，并且对于媒体的评价格外在乎。

2000年3月2日，桑特拉奇带领球队前往上海，与辽宁队争夺超霸杯。赛前的训练课上，队员明显兴奋不起来，主力门将萨沙突然扭伤了腰。桑特拉奇不得不派上替补门将，结果被辽宁队4次洞穿大门。

超霸杯失利，为桑特拉奇在2000赛季的失败埋下了伏笔。

接下来的比赛，泰山队的表现令人失望，桑特拉奇的执教能力开始被队员怀疑，他的威信在队内一落千丈，球队遭遇六连败，他的帅位岌岌可危。

2000年8月31日22：00，我赶到桑特拉奇下榻的贵友大酒店，与他聊了3个小时。桑特拉奇大倒苦水，强调了很多客观原因，他把成绩不好的原因归结为翻译李良石和领队殷铁生的离开、5名国家队队员上调、外援水平不高、俱乐部投入不大。

2000年9月3日，我把和桑特拉奇的谈话内容写成一篇专访，分别在《体坛周报》和《济南时报》发表。那篇报道将桑特拉奇与邵克难之间的矛盾公开化，在山东足坛乃至中国足球圈内引起轩然大波。邵克难难以承受巨大的压力，当晚约我到玉泉森信大酒店喝茶，倾诉自己的苦衷以及桑特拉奇为什么前后两个赛季判若两人。

让我有些内疚的是，10天之后，桑特拉奇黯然“下课”。

2000年9月13日上午，俱乐部召开新闻发布会，正式宣布可可维奇接替桑特拉奇的职务，桑特拉奇回国休假，就此离开鲁能泰山队。

后来，桑特拉奇分别执教长沙金德队和陕西浐灞队，均没有获得成功。他在西安执教时，我又对他做了一次专访，那是我对他的最后一次采访。

桑特拉奇是鲁能泰山队的奠基者，不仅是成绩方面，还有规划建设方面。1999赛季中期，桑特拉奇来到潍坊，正是在他的积极建议下，鲁能足校正式成立，他还推荐可可维奇担任总教练。如今泰山青训威震亚洲和世界足坛，有“中国足球界的黄埔军校”美称，为各级国家队和中超、中甲俱乐部培养和输送了大批足球人才。

鲍里斯：
壮志未酬心不甘

2001 年 12 月，笔者到济南机场为鲍里斯送行

鲍里斯是我结识的鲁能泰山队的第三任外籍主教练。这位俄罗斯功勋级教练在俄罗斯家喻户晓，其在俄罗斯的足球地位远远超过他的老乡涅波。因为涅波常年在海外执教，所以在俄罗斯，知道他的人并不多。

鲍里斯执教泰山队一个赛季，却成了一个悲剧式的人物。通过一年的接触，我对这位可敬的俄罗斯老人有了客观的认识。

我认识鲍里斯是在 2000 年 12 月 16 日，那一天济南的天气格外好，暖风吹在人身上暖洋洋的。

一大早，我接到了鲁能俱乐部有关人士的通知，让我到山东省体育中心会议室参加一个新闻发布会。

我和其他同行早早地来到会议室，主持会议的俱乐部党委书记田迪也做好了开会准备。可是时间已经过了原定的 10 点半，却迟迟没有见到鲍里斯的影子。

这时有的记者沉不住气，来到大厅打起了乒乓球，以消磨时间。又过了大约半个小时，时任鲁能泰山俱乐部副总经理柳历生才陪着一位外国人来到会议室门口。我一眼看出，与柳历生一起来到会议室的那位一头白发的长者就是鲍里斯，因为我已经从网上见过了这位俄罗斯名帅的照片。

鲍里斯身着一件蓝色的呢子大衣，一双黑皮鞋擦得锃亮，他的手里拿着一个笔记本，俨然一派学者风范。

鲍里斯来到会议室门口，与柳历生商量了一会儿便要求去看看场地。早已各就各位的记者们一看鲍里斯要去体育中心的体育场，便都一下子站了起来，前呼后拥，与他一起步入体育场。

鲍里斯环视了一下庞大而空荡的体育场，提了诸如“草皮质量怎么样”等几个问题，柳历生一一做了回答。

接着，鲍里斯对把他包围起来的记者们说道：“今天我很高兴，看到了体育场，见了俱乐部的领导。来山东工作，我很有信心。由于时间短暂，这次我没有时间与大家进行交流，以后我会有更多的时间与大家交流，我对大家表示欢迎和感谢。希望我们能成为好朋友，共同为鲁能泰山队做出贡献。”

过了几分钟，鲍里斯就离开了体育场，我和其他同行以为他会回到会议室，谁知他竟欲乘车返回俱乐部。等了一上午的记者们自然不肯放过这难得的采访机会，纷纷向柳历生提出“抗议”。经过柳历生与鲍里斯的短暂协商，鲍里斯终于来到会议室，简单地向大家介绍了自己的执教经历后，他便起身告辞。

第一次面对面地与山东媒体朋友坐在一起，颇有儒家风范的鲍里斯客气地说，他来到山东后，印象最深的是看到山东人民对足球有着如此大的热情。

至于如何带领泰山队征战新赛季，鲍里斯说："中国有一句古语：'千里之行，始于足下。'鲁能泰山队的基础不错，又有大家的共同努力，我有信心带领球队创造新的成绩。"

桑特拉奇出任泰山队主教练时也说过这句话。鲍里斯说："我是一名职业教练，做过俄罗斯青年队、国家队教练，也执教过欧美强队，并在亚洲三个国家从事过相关工作，我对为山东乃至中国做出贡献充满信心。我有俱乐部的支持，山东又有很多懂足球专业报道的记者，我希望能够与大家合作愉快。鲁能泰山俱乐部有着非常先进的硬件和软件，山东全省上下关注和热爱足球，我们没有理由不把山东的足球事业搞上去，没有理由不创造更好的成绩。"

鲍里斯还说："这次来山东执教，对我来说最重要的问题有三点：一是在哪里工作，二是与谁一起工作，三是怎么样工作。如今前两个问题对我来说已不是问题，第三个问题希望大家多给予我关注和指导。今天的体育场看台上是空旷的，没有观众，我希望从明年联赛开始，有如潮的观众。"这是我第一次与他相见，但我们没有单独交流。

我第二次见到鲍里斯是在 2001 年除夕的前一天晚上，我陪爱人逛银座商城时，在二楼购物厅与他邂逅。当时我用英语与他寒暄了几句，他最后用英语对我说了一句祝福话"Good luck"，就消失在人群中了。

那次我发现，济南的球迷对鲍里斯的确很陌生，商场的购物人群中只有我认识他，没见一人上前找他签名。

我真正与鲍里斯开始实质性的交往是在 2001 年 2 月中旬，那时我到韶关采访泰山队集训，与他有了一次比较全面的接触。

2 月 16 日早上 8 点钟，我一起床就在宾馆二楼恰巧碰到了鲍里斯，便主动与他打招呼。他的记忆还真不坏，一下了便想起春节之前我们在商场曾经见过面。这次鲍里斯给我的印象是待人彬彬有礼，也比较热情，颇有儒家风范。那天上午，我跟随球队乘坐大巴去体育场的路上，鲍里斯与时任俱乐部总经理董罡坐在一起，这位表面上不善言谈的俄罗斯大牌教练兴致不错，侃侃而谈。他说，足球这项运动也凝聚着足球记者和球迷们的心血。不过，赢了球，球迷会为球队而疯狂；输了球，他们会恨教练恨得咬牙切齿，全世界的球迷都这样。

他还举了这样一个例子来说明教练是一项富有挑战性的工作。

鲍里斯说，鞋子坏了，换上鞋底还能继续穿着走路；而教练就不能这样，一旦球队打不好，教练就得走人。不过教练是一项受人关注的工作，就像其他行业一样，有那么多人等待这样一个机会，因此，作为教练没有理由不好好工作，他本人十分喜欢这个工作。

颇有学者风范的鲍里斯让我感觉很严谨，没想到他说话很幽默。在车上，当他问起为什么没有看见刘金东时，队医告诉他，刘金东感冒了，也晕车。这时鲍里斯笑着对董罡说：“他身体很棒，我本来想让他当海军，晕车可不能当海军。”

他的一番话逗得大家都哈哈大笑。董罡接过话茬：“刘金东不能当海军可以当陆军嘛！”这话逗得他也止不住地笑了。

我告诉鲍里斯，济南的球迷很想念他，也喜欢他。鲍里斯笑着回答道：“我又不是姑娘，喜欢我干什么？”

在训练场上，一堂训练课下来，我没有听到他的一句大喊大叫，他就像一个大学教授，耐心地教队员如何踢球。这是我与鲍里斯第三次见面他给我留下的印象。

从韶关那次采访之后，我与鲍里斯成了忘年交。可是随着联赛的失利和亚俱杯赛的惨败，山东球迷和济南媒体开始对他口诛笔伐，泰山队队员和俱乐部也逐渐对他失去信心。联赛前五轮，在泰山队主场的比赛中，让鲍里斯“下课”的喊声响彻山东省体育中心体育场上空，但性格固执、倔强又自信的鲍里斯拒不“下课”。

4 月 8 日，泰山队客场挑战重庆力帆队，这对鲍里斯来说是最后一次机会，只能赢，不能输，因为赛前泰山队只平了三场，实在输不起了。重庆力帆队的形势与泰山队一样，也急需一场胜利。可是那场比赛，泰山队还是输了。

在赛后的发布会上，有记者问鲍里斯是否考虑“下课”，鲍里斯涨红了脸这样回答：“如果一输球就辞职，那么世界上还有谁再做足球教练。”我能听得出，鲍里斯不会主动提出辞职。

可是，泰山队前六轮一场不赢，只当了不到半年俱乐部总经理的董罡承受不了如此大的压力。他在回宾馆的路上，突然接到了山东电视台《侃球时间》节目主持人王娣的一个电话。王娣问董罡鲍里斯会不会“下课”，正在气头上的董罡不假思索，脱口而出：“他应该做出辞职的选择。”董罡回到宾馆后，召集我们几个随队记者表示，鲍里斯应该做出选择了。他的话言外之意就是鲍里斯应该“下课”了。我和李志刚回到房间开始写稿，主要写鲍里斯已经“下课”了。到了凌晨 12 点半，稿件已经发回报社，董罡突然通知我们到他的房间，重新宣布鲍里斯继续执掌教鞭。原来王娣给董罡打完电话之后，山东电视台在做节目的时候，把董罡说鲍里斯要“下课”的消息打成字幕播了出来，恰巧被山东电力集团的高层看到了，他们对董罡如此草率的决定很不满，于是董罡又收回了决定。这就是当时震惊中国足坛的“鲍里斯山城‘下课’又‘上课’”事件。

从那以后，鲍里斯在各种场合都得到了时任俱乐部总经理董罡的支持。董罡明确表示，坚决支持鲍里斯的工作。可是让鲍里斯意想不到的是，董罡开始暗地里物色他的继任者，并最先与涅波取得联系。后来据董罡讲，他 4 月亲自去了一趟日本与涅波达成合作意向，还草签了工作合同。6 月，他两次通过传真与涅波保持联系。这一切，鲍里斯都被蒙在鼓里。

不服输的鲍里斯一直期待着奇迹发生，直到联赛后半程，他才找到感觉，终于悟出泰山队不适合打攻势足球。他的执教理念开始转变，变成了防守反击，其战术思想和理念也逐渐被队员接受和认可。

从联赛第 17 轮开始，泰山队取得 9 胜 1 平的不败战绩，夺得联赛后半程的冠军。虽然最后名列第六，但球员、媒体以及球迷对鲍里斯的执教能力有了新的认识，认为他找到了感觉，把泰山队的状态调整出来了，泰山队阵型保持不错，打法老道，有一点儿像大连队。

泰山队越打越好，鲍里斯认为俱乐部在 2002 赛季会继续聘任他做主教练，可是让他没有想到的是，联赛最后一轮一结束，俱乐部就为他定好了回俄罗斯的机票。这位可敬的俄罗斯老人在 12 月 16 日晚上接受了我的独家采访，那也是我最后一次采访他。

我当时请了山东大学俄语专业的硕士研究生小黄，在他帮助下，我与鲍里斯交谈了两个多小时。在两个小时的采访中，老帅不停地发出叹息，表示对泰山队很留恋，很希望能继续留在这里。

鲍里斯说，他要带领泰山队夺得联赛冠军，可是俱乐部没有给他机会。鲍里斯还说："我至今不明白，我带队越打越好，为什么被老板辞掉了。"

12 月 17 日早上 5 点钟，我到贵友大酒店为他送行。我来到他的房间，别有一番滋味在心头。整个房间乱糟糟的，鲍里斯和老伴正在收拾行囊。我代表报社向他赠送了工艺礼品，老人家非常高兴，还给我留下了他莫斯科家中的电话，告诉我可以随时给他打电话。

6 点钟，俱乐部送鲍里斯的车到了，宾馆工作人员帮助鲍里斯搬运行李。我跟随俱乐部的车到机场为鲍里斯送行，不少队员也自发到机场为他送别。

鲍里斯从执掌鲁能泰山队那天起，就在队员当中树立了一个“严师慈父”的形象，他在队员面前常常以父亲自居，把队员都看作自己的孩子，深深地关爱着队员们的成长。

泰山队队员含泪到机场为他送行，鲍里斯对此非常感动。与大家分手的那一难忘时刻，鲍里斯仍然不忘对自己的泰山弟子做最后的教诲。他动情地对大家说：“能够再一次看到你们，我非常高兴。总体上来说，你们都很出色。我之所以这么对你们讲，是因为你们当中还有个别队员很有发展潜力，只要积极努力，将来一定能够表现得更加出色。我还希望你们在明年的联赛上取得更好的成绩，并祝愿你们明年能夺得联赛的冠军。”

鲍里斯执教泰山队一年，壮志未酬。他未能实现夺得联赛冠军的目标，也没能在2002年继续带领大家去收获果实，用他的话说，这是最大遗憾。因此，临别之前，他只能把希望寄托在自己的泰山弟子身上。

鲍里斯带着遗憾离开了鲁能泰山队，但他对鲁能泰山队队员有着割舍不断的情谊。我问他以后是否还会关注泰山队，他表示，他会永远关注鲁能泰山队的成长。

临上飞机，他还意味深长地对我和泰山队队员说：“从现在起，我要学习汉语，这样可以通过阅读中文报纸了解你们今后的比赛情况。”

鲍里斯从北京飞回俄罗斯当天，他的老乡涅波正从莫斯科飞到中国来接替他。

鲍里斯前脚走，涅波后脚来。

涅波：
足球“老江湖”

我知道涅波的名字是在1990年意大利世界杯赛时，他作为喀麦隆队的主教练，带领“非洲雄狮”杀进意大利世界杯赛八强，从此在世界足坛名声大振。

2003年冬，笔者与涅波（中）、翻译阎勇在一起

我真正结识和采访涅波是在2000年，当时他担任沈阳海狮队的主教练，在中国刮起了一阵旋风。那一年，他把名不见经传的沈阳队带到了联赛第七名。

不过我两次采访他，都是在泰山队与沈阳队的赛后新闻发布会上，只是远距离接触了这位俄罗斯老人。那个时候，国内的媒体，特别是辽沈记者，对涅波广泛赞扬。可以说，当时辽沈媒体把涅波神化了。也许正是这个原因，令鲁能俱乐部在2001赛季之初开始青睐他。

到了2002年，涅波从他的同胞鲍里斯的手中接过了鲁能泰山队的教鞭，我开始对他进行长达两年的跟踪采访，对他的执教能力、执教风格等方面有了一定了解。

涅波来泰山队执教的时间与鲍里斯乘坐飞机回国是同一天，这是巧合，还是特意安排，我们不得而知。因为鲍里斯前脚走，他后脚就跟上了。

2001 年 12 月 18 日，鲍里斯离开中国，就在这一天，涅波正在从莫斯科飞往北京的飞机上。

12 月 19 日，我见到了涅波。老头有花白的头发，身着一件黑色呢子大衣，颇有儒帅风度，就像一位大学教授。

涅波常年在海外执教，可谓见多识广，他应付媒体记者游刃有余，对答如流，无懈可击。

我与涅波的俄语翻译阎勇私交不错，几次独家采访，涅波都能满足我的请求。涅波也从别人那里打听和了解过我的情况，他曾多次说，他对我的采访比较放心。不过鲁能俱乐部有明确规定，一般不允许他随便接受记者的采访。

2002 年 8 月 7 日是涅波 59 岁的生日，俱乐部没有给他搞庆祝仪式，只给他订做了一个大蛋糕，这是涅波的意思。

那天中午，全队一起就餐，俱乐部领队韩公政代表俱乐部向涅波表示祝贺，可是俱乐部没有同意各家媒体采访的请求。我想了一个点子：我买了一个镀金的羚羊工艺品，还请我们集团总编辑崔齐东用俄语写了生日祝福贺卡，要给涅波送过去。俱乐部同意了我的请求。

我来到球队公寓涅波的房间，给他送上了生日礼物。涅波非常高兴，向我表达了过生日的感受。

他说，这是他第二次在中国过生日。其实对他来说，过不过生日无所谓，因为到了他这个年龄的人，每过一次生日，离死亡线就更近一步。

晚上，我听说涅波要到索菲特大酒店与自己的老伴和队医安德烈夫妇庆祝一下生日，我便和摄影记者孙苌青又赶到酒店，给他送上一张精美的照片，涅波夫妇非常高兴。

涅波在泰山队的第一年，无论是媒体还是球员，都对他比较认可。那一年，他带队夺得联赛第四名，比他的老乡鲍里斯执教时提高了两个位次。

到了2003年，泰山队队员开始私下议论涅波，认为他没有什么新东西，训练老一套，缺乏新鲜玩意儿，我也发现涅波每次的训练课大同小异。他在队内的威信越来越低，加上球队成绩不好，经常输球，在球场上经常能听到球迷喊“涅波下课”。

涅波很会推卸责任，讲话很有艺术性，如果细细品味，他总是话里有话。每每泰山队输了球，在赛后的发布会上，他总是先把责任揽过来，接着话锋一转，表示队员没有完全按照他的意图踢球，导致比赛失利。队员对此很恼火，认为涅波是一个老狐狸，太狡猾。

由于涅波在2003赛季糟糕的带队表现，鲁能俱乐部早早下定决心，新赛季不再与他续约，他也早已觉察。不过俱乐部打算在整个联赛结束后再对外公布，没想到涅波提前对外公布了2004年不会留在鲁能泰山队。本来是俱乐部炒了他的鱿鱼，这样却给人感觉是他炒了俱乐部鱿鱼，他一下由被动变为主动。

那是联赛倒数第三轮，泰山队的对手是涅波的老东家沈阳队，从俱乐部到队员，再到济南球迷，都希望泰山队能赢得这场比赛的胜利，可是最后，泰山队还是以1比3输了。

在赛后的发布会上，涅波谈了那场比赛，就在大家认为他的点评快要结束的时候，他突然放出重磅炸弹：“在这里，我对山东的球迷表示歉意，因为球迷总是希望我们能赢球，可我没能达到目标。我要说的是，下个赛季，我肯定不会继续执教鲁能泰山队，原因只有一个——我对自己的工作不太满意，我们没能取得一个好的结果。”

当时新闻发布会厅里一片沉寂，涅波说这话的时候，时任俱乐部总经理董罡就站在后面，他的脸色特别难看。

当我们走出新闻发布会厅的时候，大家一直议论：涅波真是一个“老江湖”，把俱乐部“涮”了。

2003 年 11 月 26 日，是泰山队本赛季最后一场客场比赛，对手是四川冠城队。赛前，我与涅波说，希望在他离开泰山队之前，满足我最后一次采访请求，他还是很愉快地答应了我的请求，让我赛后到他的房间聊聊。那场比赛泰山队没有赢下来，与四川冠城队打成了 4 比 4。

我与涅波交谈了半个小时，他的回答让人捉摸不透。涅波说，他执教鲁能泰山队比较满意的有两方面：一方面，他与球队一起做了一些有益的工作；另一方面，虽然这个赛季他非常难过，没有想到成绩打成现在这个样子，但总体来说，他对每场比赛的质量感到满意。而令他不满意的是，有许多场次的比赛出现了严重失误，导致最后失利。他对目前取得的成绩感到非常难过。

涅波阅读《济南时报》

涅波再一次阐明，由于他对自己的工作不满意，加上成绩不好，他才决定要离开鲁能泰山队。

涅波还说，球队成绩不好的具体原因只能说与他有关，但也存在其他方面的原因。与他有关的原因是，第一，他没能很好地掌控所有的队员；第二，他没能用自己的言行教育队员，比如如何对待足球理念和职业足球。

涅波提到了助手，他先说他对助手的工作感到满意，接着又说他的助手给他的感觉不像是助手，而像是一个实习生。他心目中真正需要的助手不应只把他布置的工作做好，更应该主动发现工作问题，并能独立解决。在这一方面，他的失误是没有教好助手如何去做。

提到两年来与媒体的关系，涅波说，他明白新闻媒体对球员能产生很大影响。他在其他地方工作时总能做到让新闻记者理解，让媒体的工作对球队产生正面的影响，可是在泰山队他却不能做到。

涅波还认为，他离球迷太远，他应该与球迷站在一起。至于他的执教水平如何，大家可以做出评价，俱乐部可以做出评价。

当被问到在泰山队执教的两年是成功还是失败时，涅波说，在他的执教生涯中，这是第一次带一个队第二年成绩不如第一年，以前带其他球队，一般情况下都是第二年成绩要好于第一年，第三年的成绩要好于第二年。他认为当初选择来鲁能泰山队他不后悔，其理由只有一个，就是他干任何事情从来没有后悔过。可能现在俱乐部对当初聘请他做主教练感到后悔，但两年前，他是高高兴兴来鲁能俱乐部工作的。

谈到工作合同，他说，从来没有考虑过合同到不到期的问题。

涅波离开了泰山队，在家里休养了一段时间。

2004 赛季后半程，他再一次来到中国，成为上海申花队的救火教练，签了一年半的合同，但他没有把申花队带出低谷。我到上海采访泰山队与上海国际队的比赛时，与涅波的俄语翻译阎勇取得了联系，希望能与涅波聊聊，但被涅波婉言谢绝。

2004 年 12 月 28 日，我在广州体院再一次见到了涅波，当时他率队参加 YOYO 体测。涅波表情凝重，聚精会神地盯着申花队员测试。那一天，他的心情很不好，因为申花队体测成绩不理想，肖战波、谢晖和张玉宁没有达标。

我问他离开泰山队的感受，涅波说，他非常留恋在济南的日子，也十分想念济南的朋友和山东球迷。临别，他还让我转达他对山东球迷的问候。

图巴：一个顾家的自信男人

时间飞逝，功勋教练图巴离开泰山队已经十多个年头了。当年，我作为一名跟随泰山队采访的随队记者，与图巴打交道六个赛季，对这位欧洲名帅有一定的了解。在此，我要向大家展示一个真实的图巴。

一、图巴叫我“doctor friend”

2004年1月7日，图巴科维奇到鲁能俱乐部任教，俱乐部对外封锁了消息。

2004年，笔者向图巴赠送生日礼物

在寒冬腊月的一天，我通过各方关系打听到他到中国的航班号，便与同事崔健坐火车到北京迎接他，并随他同机返回济南。在机场里和飞机上，我对他进行了独家专访，我也因此成为图巴来中国之后的第一个媒体朋友。

那一天，济南各家媒体30多名记者聚集在济南机场，等候图巴到来。当时还有人纳闷：这么大的事，为什么济南时报没派记者？就在大家犯嘀咕的时候，我和图巴从飞机上一前一后走了下来，在场的同行都傻眼了。

第二天，省城各家媒体只有我对图巴的采访是独特的内容。从那以后，我与图巴成了好朋友，每次见到他，他总是喊我“doctor friend(医生朋友)”。

二、一直崇尚攻势足球

图巴说，1998 年他带南斯拉夫贝尔格莱德游击队出访中国，到过北京、上海和深圳等城市。他有几个在中国工作的朋友曾经告诉过他一些情况，桑特拉奇、科萨（米洛拉德·科萨诺维奇）、可可维奇与他关系不错。

图巴认为在塞尔维亚执教压力很大，他带游击队 9 年半，拿了 9 个冠军，但在塞尔维亚执教，拿第二名就是失败。来中国之前，图巴做了 25 年教练，一共带队打了近 1000 场比赛，输球极少；在游击队的 9 年，他带队打了 700 场比赛，只输了 20 场左右。

桑特拉奇在 1999 年曾经带领泰山队夺得“双冠王”，图巴说，这对他来说不是一种压力，因为他认为到泰山队执教是一件很愉快的事，他也有信心超过桑特拉奇。

图巴崇尚攻势足球，他带游击队时就一直倡导打攻势足球。图巴执教鲁能泰山队后，也继续坚持打攻势足球。

2004 年，图巴率领泰山队夺得中国足球史上第一个“双杯王”，但他对此成绩还不满意，因为他没能率泰山获得联赛冠军。2006 赛季，图巴率泰山队提前六轮夺得联赛冠军，还获得足协杯冠军，鲁能泰山队第二次加冕“双冠王”。

2008 年，图巴再次带领泰山队登上中超冠军宝座。图巴执教鲁能泰山队 6 个赛季，一共拿了 5 个冠军。

三、一生与足球难舍难分

图巴有一个习惯，就是比赛结束后第一时间给家人打电话。

他平时很注重衣着打扮，在比赛场上西装革履，喜欢穿名牌服装，很讲究生活品位。

图巴是一个汽车发烧友，当球员的时候，他在南斯拉夫开的是国产红旗，后来他开德国产的高尔夫、奥迪、奔驰；来济南以后，图巴开的是奔驰、吉普。不过图巴不喜欢飙车，喜欢开正常速度，因为他开车更注重的是享受。

图巴喜欢开车的时候听塞尔维亚的流行音乐，也喜欢听一些甲壳虫乐队之类的老歌。

图巴说，自己一生最大的追求就是足球，足球也是他最大的爱好。足球给他带来成功和快乐，成为他生命中不可或缺的组成部分。

图巴表示，他这一生与足球难舍难分。在他的教练生涯中，对他影响最大的人是曾经担任南斯拉夫游击队俱乐部总经理的耐纳德·别克维奇。

四、一个有责任心的男人

图巴一家三口人，妻子曾是一名俄语教师，女儿在一家公司上班。

图巴说自己很有责任心，他认为在人生中，家庭是第一位的，他所做的这一切都是为了他的家人。

当年在济南，图巴主要住在宾馆，他把宾馆当成自己的家。我每次到宾馆找他采访，他总要请我到酒吧喝啤酒，有时还请我吃自助餐。

图巴说，到了宾馆就等于到了他的家，需要他请客。图巴喜欢吃中餐，最喜欢吃的是宫保鸡丁。

他还喜欢看爱情片，对汤姆·克鲁斯主演的美国电影很喜欢。

五、一个很自信的教练

图巴是一个很含蓄的人，不像他的老乡桑特拉奇那样热情奔放，他给朋友和队员以及任何人的感觉都是不冷不热、若即若离。不过他在队内很有威信，队员们都很服他。

图巴也是一个非常自信的教练，不论在哪个俱乐部执教，他一般都只签一年的合同，从来不签长期合同。图巴说，他不愁自己找不到饭碗。

2004 年出任鲁能泰山队主教练之前，鲁能俱乐部曾经提出与他签三年合同，被他婉言谢绝。

图巴的理由是，一年中如果彼此合作不愉快、不适应对方，他就没有必要硬待在这里，赖着不走，先签一年合同对俱乐部和他本人都没有坏处。

六、2000 年就与鲁能泰山有接触

柳历生是鲁能俱乐部的创始人之一，当时作为俱乐部副总经理，他主要负责引进外籍教练和外援。

我与柳历生打交道多年，在外教和外援引进的问题上，他口风很严，没有签约之前，大家很难从他那里得到消息。

近 20 年来，鲁能俱乐部聘任了几任外籍主教练，但最成功的当属图巴科维奇，这背后凝聚着柳历生很多心血和智慧。

2004 年 1 月 7 日，塞尔维亚籍名帅图巴科维奇正式接过了鲁能俱乐部的教鞭，一度被各家媒体爆炒的鲁能俱乐部选帅一事从此宣告结束。时任鲁能俱乐部常务副董事长刘广迎亲自接见了图巴。

在图巴被正式确认为鲁能泰山队主教练之前，换帅事件曾经出现过多个版本。那一天，我和摄影记者崔健去北京迎接图巴，与图巴一行同机返

回济南。在飞机上，柳历生向我道出许多鲜为人知的幕后故事。

1999年率领泰山队夺得“双冠王”的桑特拉奇在2000赛季“思想膨胀”，联赛后半程出现七连败，那时鲁能俱乐部就着手把他换掉，并提前为2001赛季配备了新的外籍主教练人选。

柳历生告诉我，俱乐部首先想到的是，接替桑特拉奇的人选还应该是南斯拉夫籍，这样可以延续球队的风格不变。

2000年12月，柳历生在桑特拉奇经纪人温嘉庆的陪同下去了一趟南斯拉夫，并与图巴面谈了一次。

当时图巴表示，非常愿意到鲁能俱乐部执教，可是他所在的贝尔格莱德游击队的老板态度坚决，不放他走。由于图巴与游击队有合约在身，他欲来鲁能俱乐部执教的愿望没能实现。后来，泰山队把2001年的主教练帅印交给了俄罗斯籍老帅鲍里斯。

图巴虽然在2001年没能来泰山队执教，但鲁能俱乐部一直与他保持着密切联系。

2003赛季，鲁能俱乐部本来打算邀请他出任球队主教练，但因为“非典”，这事搁浅了。由此也表明，俱乐部对涅波执教球队在2002年获得联赛第四名的成绩很不满意，否则不会想让图巴取代他。

柳历生向我透露，图巴战胜了15个竞争对手，最后如愿以偿，成为鲁能泰山队2004赛季的主教练。

鲁能俱乐部从2003年9月开始着手物色涅波的接班人。

2003年9月20日，俱乐部董事会正式表决通过，新赛季鲁能泰山队的新任主教练人选要锁定为塞尔维亚籍，其原因是塞尔维亚教练的执教风格和战术思路与中国足球的实际情况相吻合，更适合鲁能泰山队的实际情况。而且，塞尔维亚教练丰富的执教经验、激情奔放的性格更容易被山东人接受。既然俱乐部董事会已经把新外籍教练锁定为塞尔维亚籍，与鲁能俱乐部一直保持密切关系的图巴自然就成为第一人选。

柳历生还说，除了图巴外，有关经纪人向俱乐部提供的人选不下15个，他们分别来自西班牙、德国、阿根廷和乌拉圭，都是世界顶级俱乐部的优秀职业教练。

当年桑特拉奇和鲍里斯来泰山队执教时，都是人先到北京，然后在北京完成最后的正式合同签订，接着再从北京飞到济南正式上任，但图巴没有走上述程序。

柳历生说，早在2003年12月20日，他与图巴在塞尔维亚贝尔格莱德一家豪华大酒店就正式签订了工作合同。他与图巴是老朋友，彼此比较了解，那一次见面后，彼此很亲切，谈得很愉快。

七、不愿与桑特拉奇做比较

2006年11月18日，图巴科维奇率泰山队在福地长沙贺龙体育场击败实力强劲的大连实德队，成功加冕“双冠王”。这是他执教鲁能泰山队三年来，继2004年带领球队夺得“双杯王”之后，又一次获得成功。

从2004年到2006年，图巴在中国足坛拿了四个冠军，创下了外教执教之最。

2006年足协杯决赛，泰山队与实德队一战结束，由于时间紧迫，图巴和队员还要出席湖南电力集团公司举行的庆功宴会，我没能对他进行深入采访。比赛第二天，我们在长沙机场候机，图巴就一年来的感受等球迷关心的诸多问题愉快地接受了我的专访。

图巴说，这个赛季很成功，球队战胜了大连实德队，夺得他上任以来的第二个足协杯赛冠军，成就了一个“双冠王”，他非常高兴。本赛季能以这种方式圆满收官，值得自豪。联赛中，他们以绝对优势提前六轮夺得冠军，还创造了一系列纪录，这是对球员能力的充分肯定。另外，李金羽获得最佳射手，郑智荣获最佳运动员。（谦恭的图巴只字不提他本人还获得了本赛季最佳教练）

泰山队以两个精彩的进球击败了大连实德队，第二次在长沙登上足协杯冠军宝座，以全胜战绩问鼎冠军，创下了杯赛史的新纪录。

足协杯决赛前图巴很低调，一直强调比赛的艰苦性，这是因为杯赛的性质决定了比赛具有一定偶然性，一场定胜负，结果很难预料。图巴认为大连队是一个实力强劲的对手，其队员的个人能力和整体水平比较突出，场上表现也很出色，斗志顽强，一直没有放弃，只是泰山队更幸运一些。

1999年，桑特拉奇率泰山队夺得中国第一个“双冠王”，可是第二年，泰山队成绩大幅度下滑。图巴对此表示不希望与过去比较，因为他没有经历过1999年的事情，再说俱乐部今非昔比，现在鲁能泰山队已经进入了一个新的时代。

图巴说，他来这里工作已经三年了，三年来球队有稳定的表现，成绩一直往上走，这便说明了问题。另外，鲁能俱乐部建立百年俱乐部的目标不会动摇，球队会沿着既定的道路继续前进。

2009赛季结束，鲁能泰山俱乐部决定不再与图巴续签合同，他也准备打道回府，我决定为他送行。

图巴要走了，作为与他一起“战斗”了六年的随队记者，又是他的老朋友，在与这位泰山队功勋教练的离别之际，我想起了唐朝诗人王维的一首《送别》：山中相送罢，日暮掩柴扉。春草明年绿，王孙归不归？

图巴这一走，很有可能不回来了，我无论如何也要为他送行。

八、最后的告别有些凄凉

2009 年 11 月 4 日，不到 9 点钟，我急急忙忙从家里赶到图巴下榻的皇冠假日酒店。宾馆大厅里有点冷清，没有几个球迷。

我来到图巴所在的 1407 房间，几年来一直为图巴开车的俱乐部司机张师傅正从图巴的房间往楼下搬运行李，三个大箱子装得满满的，房间内所有东西都被装进了行李箱。看样子，图巴做好了不回来的打算。

图巴身着一件浅绿色 T 恤，见到我后与我紧紧拥抱。此时此刻，我思

2005 年，笔者与时任鲁能俱乐部常务副董事长刘广迎（左二）、图巴（右二）、时任鲁能俱乐部董事长吕春泉（右一）在泰山队比赛现场

绪万千，第一次采访图巴时的情景历历在目。

图巴问我，还记得我俩认识的时间吗？我说，当然不会忘记。“咱俩是2004年1月7日在北京机场相识的，你是我到中国后认识的第一个媒体朋友。时间过得真快，一晃六年了，我今天就要回国了。”图巴说。

图巴还能回来吗？我有预感，图巴不太可能继续担任鲁能泰山队的主帅了。果然，第二年，克罗地亚名帅伊万科维奇（布兰科·伊万科维奇）接过了泰山队的帅印。

2013年4月，图巴当了一回救火教练，被武汉卓尔队聘任为主教练，他7月率队到济南比赛，那是我最后一次见到图巴。

大批球迷赶到机场迎接图巴，并给他献上鲜花。比赛开始前，鲁能俱乐部举行了别具一格的仪式，俱乐部常务副总经理韩公政送给图巴一份纪念品，感谢图巴为鲁能泰山队做出的突出贡献。

那场比赛，由于实力上的差距，武汉队以1比4惨败。

图巴在武汉没能帮助球队扭转下滑的颓势，不是他能力不行，而是球队存在的问题很多，改造球队需要一定时间。当图巴再一次离开的时候，我没法为他送行了。

伊万：
临别时送他《天下泉城》光盘

笔者向伊万介绍《济南时报》上有关泰山队的报道

图巴之后，鲁能泰山队迎来了第五任外籍主教练——克罗地亚名帅伊万科维奇。他是我的老相识，没想到，六年之后，我们能再次相遇。

2009 年 12 月 16 日 晚，鲁能泰山俱乐部召开新闻发布会，正式对外宣布克罗地亚籍教练布兰科·伊万科维奇担任球队新任主帅。

当时鲁能泰山足球俱乐部常务副总经理韩公政主持了发布会，他首先肯定了图巴对鲁能泰山足球俱乐部的贡献，接着又详细解答了签约伊万科维奇的过程及球队近期的备战情况。

时任鲁能泰山足球俱乐部总经理孙国宇表示，欢迎新教练组的到来。伊万科维奇非常感谢俱乐部、媒体和球迷朋友参加发布会，并表示很高兴能再次来到济南，济南是一座非常美丽的城市，济南的球迷很热情。

伊万现场还回答了记者的提问。发布会结束后，他非常热情地与球迷合影。

时光回到 2004 年 8 月，那时，伊万作为伊朗队主教练率队来济南参加亚洲杯赛四分之一决赛，伊朗与韩国踢了一场跌宕起伏的比赛，最终 4 比 3 淘汰了荷兰人邦弗雷雷执教的韩国队。

比赛结束的第二天，我和我的同事董宏磊、我的儿子到山东大厦对伊万进行了独家专访，当时帮我们做翻译的是一位留美学生，叫万迪。

伊朗队头号球星阿里代伊还送给我儿子一件以自己的名字作为品牌的 T 恤。

世上有些事情就是那么巧合，六年之后，伊万接替图巴出任泰山队主教练，见到我这个老相识，伊万说非常高兴，希望我支持他的工作。

伊万执教泰山队的第一个赛季，我跟随球队转战南北，与他相处融洽，一起见证了他率队登上联赛冠军的全过程。

第二个赛季，伊万雄心勃勃，发誓要在亚冠联赛上取得好成绩。可是事与愿违，亚冠还剩下最后一轮时，俱乐部在觉得出线无望的情况下，让他交出了帅印。

2011 年 5 月 5 日，俱乐部官方网站发布消息，称伊万因个人身体状况不佳以及精力不足等，主动向俱乐部提出辞去球队主教练职务。经综合考虑，俱乐部同意他的请求，任命球队助理教练马季奇（拉伊·马季奇）担任执行教练，行使主教练职责，带领球队征战接下来的亚冠和联赛比赛。

2011 年 5 月 6 日中午，山东电力集团宴请伊万，并给伊万送上礼物，作为离别纪念。

当时伊万感慨万千，他说："过去一年半的时间里，我们快乐的时光占据了多数，不快乐是少数。我始终相信，鲁能俱乐部在中国是个成功的俱乐部，我毫不怀疑俱乐部能够取得好的成绩，更为重要的是，能够实现百年目标。虽然目前俱乐部遇到了一定的困难，但是我们还没有失去亚冠晋级的机会，我们是有能力把这个机会变成现实的。”

时任山东电力集团纪委书记孙可奇幽默地表示：“因为伊万的到来，我都把名字改成了孙可维奇了。在这一年多的时间里，我们结下了兄弟般的感情。我们相信，离开是暂时的，感情是永远的。”

鲁能董事会向伊万赠送的礼物是一件琉璃工艺品，还有铁观音新茶。

时任俱乐部总经理孙国宇和常务副总经理韩公政代表俱乐部向伊万赠送了纪念礼物——一台笔记本电脑和存有伊万在鲁能泰山队执教时照片的光盘。

听说伊万“下课”了，作为他的朋友，我的心情比较沉重。第二天，我来到他下榻的贵友大酒店看他。

来到酒店，我发现不少人正在找他合影和签名。伊万把毛衣脱了下来，套在脖子上，很有耐心，一一满足大家的要求。

看到我，伊万上前来了一个热烈拥抱。

伊万招呼我坐下，要了两个半杯威士忌和一桶可乐，我们一边喝酒一边聊了起来。因为按照俱乐部的约定，这期间他不能接受任何媒体采访，所以我们的谈话仅限于朋友之间的闲聊。

我问伊万辞职后是不是觉得轻松了？伊万直摇头，心里有些不甘:“不能说我没有压力了，就像一个战士正在战斗，突然放下了武器，他能适应吗？”

说到这儿，伊万欲言又止，似乎有些难言之隐。

“对于‘下课’你是否有预感？”我又问。“我多少有一些预感，因为在这之前，媒体一直给我施加压力，质疑我的用人问题。不过我对‘下课’还是觉得很突然。”伊万说。

伊万问我，媒体对他到底有哪些意见？

我说：“外界对你的意见一方面是亚冠成绩不好，出线没有希望；其次是认为你用人不当。”听到这两个话题，他显得很激动，并向我一一进行了解释。

伊万反问我：“你认为中国的职业俱乐部水平到底比日韩强，还是弱？”

我回答：“整体水平不如日韩。”

伊万听完笑了：“没错。就拿韩国全北队来说，他们的综合实力在我们之上。我们虽然那一轮输了，但如果最后一轮胜了大阪樱花队，还是能够出线。不过即使我们出线了，也不能掩盖真实差距——我们与日韩球队仍不在一个档次。”

说到用人不当，伊万觉得有些冤枉：“外人根本不了解我们队的真实情况。一开始，媒体质疑我为什么不重用邓卓翔，可是他从国家队回来后状态不好，又患感冒，不适合上场；打上海申花队那一场，有人质疑我为什么让韩鹏首发，不让在陕西队时一场比赛进两个球的奥比纳上场，你评价一下，韩鹏的水平比奥比纳差吗？”伊万越说越激动。

伊万认为，泰山队和球迷对未来都应该有耐心。“其实去年这个时候，我们队的状况还不如今年，最后还是扛过来了。今年亚冠打印尼阿雷马队，如果最后时刻不是裁判的误判；联赛打成都队和上海申花队，如果不是最后时刻自己犯错误，我们的成绩不会是现在这样。不过我从来不责怪和批评队员，教练就是这样，球队成绩不好，所有问题都要由自己一人来承担。”

伊万还说，作为一名职业教练，自己对“下课”已经习以为常。“每个教练的行李箱都在自己手里，随时准备好走人，这是足球教练的职业性质决定的。”

我问他近期的安排和打算，伊万表示会继续从事教练工作。“伊朗和沙特等国家的俱乐部听说我辞职的消息，开始邀请我。大概 6 月我会重新开始工作，也许还是在中国。不管怎么说，我在济南待了一年多，在鲁能泰山队工作了一个多赛季，很难忘，也结交了很多朋友。去年我带队夺得了联赛冠军，对于这个成绩和荣誉，任何人不能抹杀。”

卸下帅印已经十天的伊万踏上了回家的路，临别时他说，自己对济南这座城市很不舍，对鲁能泰山队依然非常关心，并提出了一条有针对性的建议——希望鲁能俱乐部尽快更换外援。

由于跟随鲁能泰山队客场挑战杭州绿城队，当时鲁能俱乐部的两位领导孙国宇和韩公政还没回到济南，只好安排时任鲁能体育文化发展公司副总经理李海周为伊万送行。

伊万执教以来，与济南时报建立了良好的合作关系，我代表报社向他赠送了大型航拍电视片《天下泉城》光盘作为纪念。

伊万动情地说，济南是他的第二故乡，山东人热情好客，让他终生难忘，“我在济南期间，生活和工作很愉快，结识了很多朋友，有时间我还会再来济南”。

他上飞机前，我就大家关心的问题对他进行了最后一次采访。

伊万认为，2011 赛季泰山队选外援不成功，是造成赛季被动局面的主要原因。

他个人建议，俱乐部当务之急是更换外援。球队特别需要两到三名速度型的球员，尤其是外援，这样可以把场上的进攻速度带起来。他希望俱乐部能够好好地利用间歇期，把这个问题解决好。

在伊万看来，选外援不是他说了算，外援到队时间太晚，水平也没达到应有的要求。

对于由他的助手马季奇接替他这件事，伊万说，马季奇需要时间，媒体和球迷要有耐心。

伊万希望球迷和媒体以及俱乐部支持以马季奇为首的教练组的工作。球队处于困境只是暂时的，总体上来看，球队在往上走，出现一些波动也很正常。伊万还希望媒体和球迷一定要永远支持鲁能泰山队，他也会为鲁能泰山队祝福。

最后，伊万与俱乐部送行的代表、我热烈拥抱，之后挥手告别，走入安检的人群中，不时回头挥手再见。

伊万（崔健 摄）

伊万虽然是带领泰山队登上冠军宝座的一代名帅，但也没有逃脱“胜者王侯败者寇”这一足球圈的定律。竞技体育就是如此残酷。伊万说，作为职业教练，他习以为常。

目前，伊万担任阿曼国家队主教练。在卡塔尔世界杯预选赛亚洲区12强赛的首场比赛中，阿曼队1比0战胜强大的日本队；在和中国男足的两场比赛中，阿曼队取得一胜一平的战绩，伊万的执教能力得到了证明。

唐晓程：泰山队第一代“快马”

唐晓程指挥山东女足训练

在泰山队的历史上，不乏速度快的前锋，像刘彬彬、吕征等，他们速度奇快，成为锋线上的一把尖刀，威力无比。

其实在泰山队新老队员中，速度最快的前锋当属唐晓程，他的百米速度达到 11 秒 6，外号叫“大眼子”。

唐晓程是烟台人，1983 年入选山东青年队，与张海涛和巩晓彬是队友。

1994 年职业联赛开始后，唐晓程成为主教练殷铁生手下的一张王牌，与宿茂臻组成“一高一快”，“快马”成了唐晓程的代名词，享誉华夏足坛。

唐晓程最难忘的一场比赛是 1994 赛季第二轮，泰山队坐镇山东省体育中心迎战“十冠王”辽宁队，宿茂臻左路妙传，唐晓程杀至禁区，干净利索地将球射入网窝。

球场上，唐晓程速度快只是一个方面，更重要的是他反应快、意识好，能够提前预判、提前分析、提前启动，让对手防不胜防。

唐晓程职业生涯最辉煌的赛季是 1994 赛季和 1995 赛季，不但进球多、出场率高，而且是当年甲 A 赛场上速度型前锋的佼佼者。尤其是 1995 赛季，唐晓程春风得意，甲 A 联赛中有 5 球入账，足协杯赛中打进 6 粒进球。

那一年足协杯赛，唐晓程大放异彩，几乎每轮都有进球，最终斩获6球。他在决赛中打进一记漂亮进球，为泰山队夺冠奠定基础。他荣膺杯赛“最佳射手”，弥补了没当过甲 A 最佳射手的遗憾。

1998 赛季，韩国老帅金正男执教泰山队，对唐晓程很赏识。联赛首轮，泰山队客场挑战青岛颐中海牛队，唐晓程在与王东宁和矫春本争抢时受伤倒地，脚骨骨裂，半个赛季几乎报废，一年下来只出场 6 次，其中 3 场是替补上场。

1999 赛季，塞尔维亚名帅桑特拉奇接过金正男的教鞭，他也很看重唐晓程。时任俱乐部总经理邵克难曾亲自与唐晓程谈心，表示桑特拉奇对他的技术特点很欣赏，希望唐晓程能继续为泰山队效力，可是邵克难没能挽留住唐晓程。

1998 年底，唐晓程提出转会申请被批准，加盟厦门远华队，征战甲 B 联赛。让唐晓程遗憾的是，在他离开的那个赛季，鲁能泰山队在桑特拉奇的带领下夺得“双冠王”；不过让他欣慰的是，他率领厦门远华队成功打进甲 A，个人打进 17 球，成为“射手王”。

2000 年，米卢对唐晓程产生兴趣，为了考察他，米卢专门看了厦门队对大连队、北京队和上海队的三场比赛。后来，在国家队集训名单上，米卢写上了唐晓程的名字，但是被中国足协有关官员去掉了。

对于那件事，唐晓程认为还是自己运气不好。

“1999 年我到了厦门，状态非常不错。那一年我带领厦门队升级成功，还进了 17 个球，获得‘最佳射手’称号。第二年，我的状态依然保持很好，米卢对我产生了兴趣，专门看了我们的三场比赛。后来我听说，足协嫌我年龄太大了，就把我去掉了。”

在唐晓程看来，为什么不少人在青少年队很突出，到了成年队或者国家队却表现平庸，关键是虚改了年龄，以大打小。“我们那批队员基本没有改年龄的，我们如果改小几岁，也能入选国奥队和国家队。”

2006 年，唐晓程执教山东女足，一直到 2008 年，取得的最好名次是第四名。

2009 年，唐晓程执教中超队伍青岛中能预备队，获得第六名。2010 年，他担任中能一线队助理教练。

之后几年，唐晓程受聘鲁能足校，当起了“孩子王”，执教鲁能足校 U11 队。

2017 年 9 月，当时还在女超的山东女足面临保级的压力，唐晓程临危受命，重回山东女足。但由于接手球队时间太短，加上前面的比赛输球太多，他没能带领球队完成保级任务。

再次重掌女足教鞭，唐晓程意味深长地说，他是受妻子陈玉凤的影响，非常感谢陈玉凤的鼎力支持。

说起唐晓程的妻子陈玉凤，中国足坛妇孺皆知。他俩演绎了一段“绿茵爱情故事”，被传为佳话。

1985 年，陈玉凤离开老家连云港，只身来到济南，加盟山东女足。第二年，她与唐晓程确定了恋爱关系，还入选了国家队。

1998 年，两人步入婚姻殿堂，第二年女儿降生，如今女儿已经上大学了。

唐晓程对陈玉凤佩服得五体投地，有一种自豪感。“我与陈玉凤无法相比，她是国家队队员，参加了所有的大赛。她还是 1996 年亚特兰大奥运会获得银牌的主力队员，只全运会就参加了 5 届。2005 年十运会之后，她退役做了一段时间的女足教练，之后到北京体育大学学习。做教练，我还要向她请教。”

唐晓程说，他做女足教练，也得益于陈玉凤的鼓励和支持。

“她坚信我做教练也能成功，她还告诉我，带女队与带男队不一样，需要区别对待。平时我回到家里，她经常与我交流，把自己做队员和做教练的经验毫无保留地告诉我。”

陈玉凤在女足赛场摸爬滚打20多年，获得了很多荣誉，但一直过着清贫的生活。唐晓程执教女足，依然要耐得住清贫和寂寞，对此他表示，选择做女足教练主要是因为喜欢教练这个行当，并没有把待遇看得很重。

“我喜欢做教练，因为我在专业队踢了20多年，有了长期的积累，足球成为我的专业和特长；再加上足球给我带来了很多快乐，我很想把自己的经验再奉献出去。至于待遇问题，我并不在意。我很清楚，现在女足没有市场，无论是教练还是队员都很清贫，与男足无法相比。不过我热爱这项事业，这也许是受陈玉凤的影响吧！”

2018年，唐晓程重新打造队伍，重用年轻队员，球队焕然一新，于2019年提前两轮冲超成功。

2020年，唐晓程回到鲁能足校担任U21队主教练。

吴刚：泰山队后防“大闸”

泰山队老将吴刚退役之后担任两个角色：一是济南市球类运动中心足球教练，扎根基层，潜心做青训，培养后备力量；二是业余时间在电视台做解说嘉宾，从专业角度与球迷分享足球的快乐。

吴刚的足球生涯在山东足坛，乃至中国足坛都赫赫有名，他堪称一员猛将。

一、职业生涯甘苦相伴

20世纪90年代，吴刚是泰山队的后防中坚、后防线上的黄金自由人，也是那批泰山老臣中的大哥级人物。

吴刚是职业联赛以来泰山队第一批主力队员，当年司职中后卫。从1994年职业联赛开始，他就是泰山队的绝对主力。

职业生涯早期，吴刚踢左后卫，后来，刘越在这个位置上崛起，主力中卫张海涛因伤告别赛场，于是吴刚转行踢中后卫。在新的位置，吴刚同样威风八面，成为泰山队后防“大闸”，这种状态一直持续到1997年年初。

“1994赛季至1997的上半个赛季我都是主力中后卫。”吴刚说，“1998年我曾想转会成都队，后来因为价格的问题最终搁浅，1999年初我就退役了。”

虽然在绿茵场上征战多年，但吴刚真正在职业联赛的舞台上展示球技只有三年半的时间。

每次回首自己的职业生涯，吴刚可以一下子想起很多比赛，但只有1995年和1996年的两场足协杯决赛令他终生难忘。

“1996年1比4输给北京队，让我记忆深刻。”吴刚首先提到的是失利而不是夺冠，“当时准备得非常充分，只是在赛前感觉有些不正常的地方，糊里糊涂地就输掉了。”

1995年泰山队在足协杯上登顶成功，吴刚总结道：“赛前我们就预感到了胜利。我们之前连续逆转了江苏队、辽宁队、北京队，在这种情况下进入决赛，感觉就是气势挡不住了。”

吴刚职业生涯的辉煌期也是1995和1996两个赛季。那时济南球市相

吴刚（左二）、唐晓程（右一）与两个队员在一起

当火爆，泰山球迷和球队之间的感情非常深，每场比赛除了队里的赠票，吴刚还要掏钱买三四十张球票送朋友。

大家都感觉泰山队是山东省的球队，是济南这座城市的球队。“这也许就是当年球市火爆的根本原因吧。”吴刚说。

二、防守反击是“因人而制”

吴刚踢球的时候，正值泰山队历史上著名的“殷铁生时代”。那时泰山队高举防守反击大旗，虽然成绩并不差，但还是饱受诟病。

作为球队防线上的中坚人物，吴刚有自己的观点。

“谁不想把比赛打得漂亮些？当时殷指导（殷铁生）是根据实际情况制定的防守反击策略，如果我们有顶级球员，肯定不会是这个打法。我觉得当时的打法是正确的，其实打法没有对错，只有适合不适合。”

若干年后，当吴刚的师弟们在新的鲁能泰山队以攻击力强而称雄中国足坛，但传统的看家宝——防线却受到广泛质疑的时候，吴刚已是齐鲁大地著名的球评人，他也有自己的看法。

“防守不是一个人的责任，也不是一条线的责任，而是全队的责任。”吴刚说，“输球后，很多人把矛头指向中后卫其实是不对的。过去我们打人家反击，现在我们要防止人家打我们反击。这样，边后卫的协防和中场的阻击就非常重要了。”

踢中后卫多年，吴刚深有感触，他认为中后卫承受着巨大的压力：“中后卫一场比赛可能打好了 89 分钟，但仅有一次失误，就会成为罪人。前锋恰恰相反，他们浪费十次机会，抓住一次就成了英雄。当然，在中后卫这个位置上，必须承受这样的压力，所以中后卫不仅是个苦差，更是个难差。”

三、一年解说过 181 场比赛

1999 年，吴刚宣布退役，但他没有就此离开足球。

很快，踢球时就是大哥级人物的吴刚，受邀到济南台做解说嘉宾。“那时解说的是德甲，刚开始我也不适应，眼睛能跟上，嘴却跟不上。”

2000 年，吴刚到山东女足做教练，但受制于内外环境，难有进展。从 2002 年开始，他又重新进军解说界，开始为山东台做解说嘉宾。

很快，吴刚凭借扎实的文化功底和对世界足球大势的刻苦钻研，在山东足球解说界打出了名堂，逐渐成为山东台的主力解说嘉宾。

2002 年韩日世界杯，吴刚迅速上位，从此一发而不可收。“从韩日世界杯开始，到葡萄牙欧洲杯，这期间的意甲、西甲、英超、足总杯、欧冠，我基本上都解说过。最多时我一年解说 181 场比赛，一周解说 8 场。那些日子我基本上是上午睡觉，晚上或者半夜看球。”

从踢球到解说，吴刚在两个领域都取得了成功。谈到二者的不同，吴刚说：“踢球是实践重于理论，说球是把理论变成通俗易懂的语言。作为解说嘉宾，要紧紧围绕足球本身的东西。现在英超、NBA 都会邀请退役的球员做嘉宾，我觉得这是一种趋势，因为有过经历的人总会感触多一些。”

四、积极探索“体教融合”

现在的职业球员年收入动辄上百万，这是吴刚当年想都不敢想的。

退役后，吴刚对青少年足球比较感兴趣，这也与他处在中国足坛转型期的职业生涯有很大关系。在这一点上，吴刚感触颇深。

“我们那时踢球的基本上都是穷孩子，现在变了，家庭条件不好的孩子根本踢不起球，成了富孩子去踢球了。”吴刚认为穷孩子踢不起球会埋没很多足球苗子，甚至会影响到中国足球的发展。

有调查显示，国内的足球学校正在大面积萎缩，其原因一方面是收费较高，另一方面是绝大多数足校的教育跟不上，一旦孩子踢不出来，将来的出路就成了大问题。吴刚正是看到了这一点，才想到了“体教结合”的路子。

“现在北京理工大学和北京的一所中学都是这个路子，踢球的学生在校期间最起码有一半时间是在进行文化课学习，学校优良的师资力量让他们首先在文化课学习上不被耽误，然后剩下的时间进行足球训练。出色的学生将来可能会进入职业队；进不了职业队的学生一样可以完成学业，找到一份合适的工作。”

“高水平足球培训班”就是吴刚探索“体教结合”的第一步。

“现在高中里面有些踢球不错的孩子，他们进入专业队的可能性不大。但通过我们的培训，争取让这些孩子通过高考前的高水平测试，这样就能帮助他们打开大学的大门。他们将来可以继续踢球，打大学生联赛甚至进入职业联赛。与此同时，也不会耽误他们接受高等教育的机会。”

尽管离开绿茵场多年，吴刚始终在用自己的方式为中国足坛贡献自己的力量。吴刚还经常利用业余时间到一些学校辅导孩子们踢球，他曾与唐晓程一起受聘担任舜网足球队总教练。前些年，吴刚经常上舜网论坛，担任版主。

2020年，舜网20周年，吴刚作为网友代表应邀参加了舜网20周年庆祝活动。

韩鹏：
济南走出的国足“空霸”

2009 年 5 月，泰山队赴印尼参加亚冠联赛，笔者与韩鹏在下榻酒店留影

1983 年 9 月 13 日，韩鹏出生在济南东郊一个普通的农民家庭，在祝甸小学念完小学，1995 年考入历城五中。

韩鹏上了初中后才逐渐迷恋上足球，经常与同学跟随燕山一支业余球队踢球，没有受过名师指点和正规训练。不过，韩鹏不满足于整天踢野球，他暗自发誓要成为一名专业队员。他的偶像是宿茂臻，那时他便立志成为像宿茂臻那样的球员，为鲁能泰山队效力。

一、桑特拉奇助他“一步登天”

1997 年春天，韩鹏在报纸上看到一则北京龙利足球学校招生的广告，便回家缠着爸爸送他去北京学踢球。当时爸爸不同意，认为他的水平达不到学校的要求，去北京等于白跑一趟。但在韩鹏看来，要想成为一名球星，必须到足校接受正规训练，所以坚持要去北京。韩鹏的爸爸只好给了他 1000 块钱，只当让他去旅游一次。就这样，韩鹏只身一人登上了去北京追梦的火车。

北京龙利足球学校总教练是国奥队原塞尔维亚籍名帅拉德（奥根雅诺维奇·拉德）。别看韩鹏没有受过正规训练，他却被拉德一眼相中。拉德认为他的弹跳力、爆发力不错，有悟性，是一块踢中锋的好料，将来一定能成大器。

韩鹏兴冲冲地回到济南，把被录取的消息告诉了家人。没过几天，北京龙利足球学校就送来了入学通知书，可每年三万元的学费愁坏了家人。那时，韩鹏的家境并不富裕，加上北京离家远，家人不同意他去北京。韩鹏哭了整整一夜，第二天，爸爸见他哭肿了双眼非常心疼，便答应在济南

韩鹏（孙芪青 摄）

找一所足球学校让他学踢球。

拿着北京龙利足球学校的入学通知书，爸爸带着韩鹏来到山东新世纪泰山足球学校。当时面试韩鹏的四个教练均认为他基本功不错，就把他留了下来。韩鹏非常高兴，他在回家的路上向爸爸发誓：一定踢出名堂，成为“宿茂臻第二”。

1997 年 7 月，一次偶然的机会降临到韩鹏身上——作为新世纪泰山足球学校选拔出的两名队员之一，到鲁能泰山俱乐部试训。试训第一天，娄序成教练就看上了韩鹏，决定让他继续参加后面的七天试训。七天试训下来，韩鹏给教练留下了很好的印象，最终试训成功。

那一年，韩鹏每天骑十几里的自行车到山东省体育中心训练，每次训练结束后再回到东郊的新世纪泰山足球学校住宿和吃饭。有时候累了，他就回家让奶奶帮着按摩，放松身体。试训期间，韩鹏所有的花销都是自费，有一次在山东体育学院打比赛，韩鹏在激烈的拼抢中摔断了胳膊，他硬是咬牙坚持踢完比赛，让教练非常感动。

1998 年 6 月，15 岁的韩鹏成为泰山三队的正式队员，跟随郭侃峰训练。第二年，他就被桑特拉奇看中，升调到一队训练。桑特拉奇非常欣赏韩鹏，预言韩鹏未来一定能成为中国足坛的出色中锋和泰山队的“顶梁柱”。

当时，我写了一篇文章，题目是《16 岁的娃娃一步登天，韩鹏入选鲁能一队》。那是韩鹏第一次上报纸，正是因那篇报道，我与韩鹏的爸爸和爷爷成了朋友。有一年，我到韩鹏家玩，他的爷爷还拿出当年《济南时报》刊登的韩鹏入选一队的这篇报道，对我表达谢意。

虽然 1999 年韩鹏在一队待的时间不长，但那段时间对他影响很大，桑特拉奇的点拨极大地增强了他的自信心。

2001 年，韩鹏从三队调到二队，师从张海涛，一年之后荣升一队，开始崭露头角。韩鹏真正在泰山队“站稳”主力位置、挑起大梁则是在图巴来了以后。

其实最让韩鹏郁闷的一年是2003年，因为得不到涅波的信任，他一度被下放到预备队。不过他没有灰心，反而更加刻苦地训练，耐心等待机会。

二、在图巴手下成为王牌

韩鹏在赛场上（孙芪青 摄）

2004年图巴执教泰山队，他对韩鹏寄予厚望。前锋出身的图巴经常私下里给韩鹏“开小灶”，图巴告诉韩鹏要慢慢来，随时做好上场的准备。

2004赛季韩鹏还是一个“超级替补”，2005赛季他就成为图巴手下的一张王牌。图巴打造的“鹏羽组合”威力无比，成为泰山队的撒手锏，让对手防不胜防。那个赛季，韩鹏一共攻入13个球。

2006赛季，韩鹏春风得意，实现“双冠王”梦想，还有10个球进账，并与李金羽“联袂出击”，成为国家队主教练朱广沪手下的得力干将。

让韩鹏最开心的是2006年11月18日长沙足协杯决赛，“鹏羽”组合扬威贺龙体育场。韩鹏与李金羽各入一球，帮助鲁能泰山队击败大连实德队，成就个人职业生涯中的第一个“双冠王”。

三、最大爱好是养狗

韩鹏是个孝子，他每次到外地比赛，总要给爷爷、奶奶和其他家人买东西。韩鹏知道爷爷喜欢养鸟，就跑到市场上买了一只价值不菲的鹦鹉送给爷爷。爷爷怕韩鹏乱花钱，告诉他只要把比赛打好，多进球、多赢球，比买什么都好。

2006 赛季前四轮，韩鹏迟迟没有“开张”，他心里很着急。爷爷告诉韩鹏，只要在门前冷静，肯定能抓住机会。

4 月 2 日，泰山队客场挑战武汉队。比赛前一天晚上，韩鹏梦见自己进了一个球，比赛当天他果然表现神勇，打进了赛季第一个进球。赛后，韩鹏把那个进球当作献给爷爷 70 岁生日的礼物，一回到宾馆就打电话祝爷爷生日快乐。

韩鹏常说，一个人不管有多么远大的理想和目标，首先要具备的一个条件就是“尊老爱幼，奉献爱心”，如果做不到这一条，很难成就大事业。

韩鹏经常参加一些公益活动。前些年，鲁能泰山俱乐部每年“六一”儿童节都会组织全队到济南一所特殊教育学校欢度节日，每次韩鹏都踊跃捐款，并积极参加活动。

韩鹏还是一个养狗专家，最大爱好就是养狗，他曾养过两条名犬：一条是英国古代牧羊犬，叫“维尼”；另一条是藏獒，叫“文纳”。韩鹏对养狗颇有研究，平时订阅了一些关于养狗的杂志，对治疗狗的常见病和多发病也很内行。

韩鹏认为，狗是人类最忠实的朋友。

韩鹏做人很仗义，也很重感情，喜欢与爱狗的人打交道。在他看来，喜欢养狗的人心地善良。韩鹏对吃狗肉很反感，前些年鲁能泰山队到抚顺打比赛，有队友想到外面品尝抚顺有名的狗肉，韩鹏听说后逐个说服大家，让大家不要去吃。受韩鹏的影响，当年鲁能泰山队的不少队员都爱上了养狗，矫喆和刘金东也有了自己的爱犬。矫喆的爱犬叫“巴克”，是一条萨摩耶犬。

有一年，韩鹏要到昆明参加国家队集训，就把自己的爱犬托付给了朋友。那一次国家队集训长达一个半月，韩鹏见不到爱犬心里很难受，就把爱犬的照片拷贝到电脑上，每天训练一结束，就回到房间打开电脑看一会儿爱犬的照片。

韩鹏经常上网，在论坛上与网友交流养狗心得。有一次，舜耕国际会展中心举行狗展，韩鹏还抽空去参观了一下各种名犬，他感到非常开心。

韩鹏告诉过我，他最大的心愿就是能代表中国男足出现在南非世界杯赛场上。“中国球员的最高目标就是参加世界杯赛，我渴望经过努力也能到世界杯赛场上比试比试。”

可是这个愿望一直没有实现，这无疑成为韩鹏足球生涯中最大的遗憾。后来韩鹏担任国少队教练，他把希望寄托在自己的小队员身上。

2021 赛季，韩鹏回到母队，担任助理教练，协助主教练郝伟的工作。在训练场上，他主要负责前锋球员的训练，他把自己当球员时的经验毫无保留地传授给这些球员。

2022 年，韩鹏回母校——鲁能泰山足球学校担任 U18 主教练，潜心青训工作。

矫喆：
泰山队右路“发动机”

2003 年，矫喆在毛家湾训练基地冬训

2007 年 5 月 16 日，泰国曼谷国家体育场成了令泰山队主力右后卫矫喆刻骨铭心的地方。适逢矫喆时隔两年重返国家队，那场比赛又是他第一次代表国家队首发，几乎打满全场，本来渴望能用一场漂亮的胜利记录自己在国家队的首场主力秀，但是中国队 0 比 1 输给了泰国队。

赛后，国内媒体和有关专家对中国队糟糕的表现给予严厉批评，但矫喆的表现却得到众人肯定。

那一次，矫喆用自己的表现向世人证明，自己完全可以胜任国家队主力右后卫这一位置。

一、恩师力荐，二返国家队

入选国家队一直是装在矫喆心里的一个梦想，与其他球员一样，他把代表国家队出战看作是足球生涯中的最高荣耀。2005年7月的东亚四强赛，是朱广沪上任后第二期国家队集训，在国内备战的时候，人员名单中并没有矫喆。可是当国家队抵达韩国光州后，大战前夕，朱广沪突然电话通知矫喆火速赶赴韩国报到。

7月30日，矫喆独自一人背着行囊飞到韩国，与大部队会合。那是矫喆第一次入选国家集训队，虽然没有打上主力，但他心里非常兴奋。

可是从那期国家队集训后，矫喆很长时间没有跨进国家队的大门。泰山队塞尔维亚籍主教练图巴多次为自己的爱将鸣不平，在不同的场合几次呼吁，国家队应该招矫喆入队，并认为矫喆是中国足坛在右后卫这个位置上最出色的队员。

张海涛是矫喆在青年队时的主教练，矫喆在青年队时曾经跟随张海涛两年多，建立了很深厚的师徒情意。矫喆迟迟进不了国家队，张海涛心里也很着急。2007年4月，国家队在济南集训三天，我陪同张海涛看望朱广沪，张海涛亲自向自己的老师极力推荐矫喆。

张海涛对朱广沪说："朱导，矫喆无论是人品还是个人能力，没有任何问题，他是一位让教练放心的队员，希望您这次率队到马来西亚参加亚洲杯赛能带上他。"

朱广沪接受了张海涛的建议，开始有意在联赛中观察矫喆，终于在中泰比赛之前把他重新招致自己麾下。矫喆不负众望，用自己的实力向朱广沪交上了一份合格答卷。

二、小时候踢球只是玩玩

矫喆出生在济南一个知识分子家庭，妈妈曾是一名军医，爸爸是山东体育学院的教授。受遗传基因影响，矫喆从小就表现出良好的身体素质和运动天赋。他的爸爸矫纪庆年轻时曾经夺得过全国跳高冠军，不过他并不希望儿子从事竞技体育运动，而是想让他上普通大学。

矫喆上小学时学习成绩很优秀。那时他家住在山东体育学院东校区，下午放学比较早，矫喆便与院子里的一帮孩子跟着原山东省足球队著名教练邢天恩学踢球。当时他也没有想到能进入专业队，只是认为踢球很好玩，还可以锻炼身体。妈妈支持矫喆踢球，主要是因为怕他放学出去打游戏，那时他们夫妻二人都上班，无法照顾他。

邢天恩发现矫喆对足球有着良好的天赋，加上他出色的身体条件，邢天恩预言他将来一定能成大器，所以非常悉心地培养他。矫喆跟着邢天恩打下了坚实的足球基础。在山师大附小上到四年级后，矫喆开始跟着孙天达训练。后来孙天达组建泰山二队，把他招到队内，矫喆从此走上专业足球这条路。

矫喆的年龄货真价实——1981 年 8 月 21 日出生。为什么进专业队之前他没有改年龄？这与他的家庭背景有关。

矫喆的妈妈从军 20 多年，做事非常严谨和认真，教育孩子做人必须诚实。在他妈妈看来，没有必要给孩子虚改年龄。当时不少队员改了年龄，可是因为后劲不足没有踢出名堂；矫喆正因为年龄是真实的，发展潜力才更大。1999 年，矫喆被桑特拉奇从泰山二队调到了一队，实现了职业生涯的大跨越。

三、从小非常要强

从小，矫喆的妈妈就培养他要有顽强的毅力和品质。矫喆很要强，也很能吃苦。1996 年，他跟着孙天达在山东省体育中心训练，一次训练课在与队友拼抢时，矫喆右侧胳膊摔成骨折，但是他没掉一滴眼泪，坚持到训练结束才告诉家人。2001 年，矫喆右脚踝关节韧带撕裂。在外人看来，这种程度的伤很有可能结束他的足球生涯，不过他没有放弃，而是积极配合医生治疗，最终重返绿茵赛场。

2004 年 11 月 18 日，泰山队在长沙与四川队争夺足协杯冠军。这场比赛矫喆拼得很凶，被对方 18 号队员撞了一下胸部，他当时没感觉出疼痛，坚持拼到比赛结束，为泰山队以 2 比 1 获胜立下汗马功劳。在赛后的庆功宴会上，矫喆还沉浸在夺冠的喜悦之中，可是回宾馆的路上，他突然觉得胸部疼痛，队医陪他到医院拍片子，发现他的一根肋骨骨折。

矫喆骨折了还能打比赛，图巴听说之后也十分吃惊和心疼。

矫喆的父亲矫纪庆在大学任教，对矫喆的要求更是非常严格，他告诫矫喆待人接物必须有礼貌。父亲在专业上对矫喆的要求也近乎苛刻。在矫纪庆看来，矫喆的身体素质不错，速度很快，这是他的优势，可是转身的速度和变向的频率以及传中球的质量需要加强。矫喆对父亲的教导铭记在心，一直默默用功，经过几年的刻苦努力，球技进步很快。

矫喆对父母很孝顺，2001 年他打上主力后挣钱多了，第一件事就是为他爸爸买了一辆马自达 M6。矫纪庆经常开着儿子为他买的爱车往返于济南本校和日照校区，为山东体育学院的学生上课。

矫喆心很细，每逢爸爸和妈妈过生日，他总要买些礼品表达孝心。有时在外地打比赛，他会先打电话祝贺，回到济南再为爸爸、妈妈补上生日礼品。每年母亲节，矫喆总要给妈妈送上一束康乃馨，祝福自己的妈妈和天下的母亲节日快乐、幸福安康。如果母亲节这天矫喆在外地，他就会委托好朋友代替他给妈妈送上一束鲜花。

矫喆很有爱心，从 2001 年起，他与妈妈每年都会一起向社会慈善机构捐钱，资助贫困山区的孩子。

四、历经漂泊，心在泰山

矫喆在通往成功的道路上比较顺利，先后成为球队夺得2004年“双杯王”（足协杯和中超杯）和2006年“双冠王”（联赛和足协杯）的主力功臣，他还参加了2001年九运会，夺得第三名。

可是矫喆也经历过一段低潮，状态一度低迷。2005年底，泰山队引进了辽宁名将王亮，在2006赛季前几轮，一直占据主力右后卫位置的矫喆坐到了替补席上，王亮顶替他开始司职主力右后卫。矫喆感受到坐冷板凳不是好滋味，便在场下发奋努力，重新夺回主力位置。他承认，由于泰山队长期以来无人能够撼动他主力右后卫的位置，没有竞争和压力，他不知不觉地产生了一些惰性，状态出现下滑。自从王亮来了之后，他感受到竞争的残酷性，终于凭借自己的实力重新回到主力行列。

矫喆是一个很重感情的人，他热爱家乡，忠诚泰山。“我喝泉城水长大，泉水养育了我，我对家乡怀有很深厚的感情。济南的球迷是世界上最优秀的球迷。”

2010年，矫喆从泰山队转会后开始了漂泊生活，先后效力浙江绿城队、北京国安队、青岛中能队、呼和浩特中优队、石家庄永昌队和北京人和队。

2020年，矫喆从北京人和队退役；2021年，他回到母队，出任助理教练，全力协助主教练郝伟的工作。

王永珀：职业生涯有三个伯乐

2007年泰山队冬训，两位“锋线杀手”李金羽和韩鹏被上调国家队，小将王永珀成为热身赛上的正印前锋。

在前一个阶段进行的所有热身赛上，王永珀场场得到图巴重用，担任主力前锋，一鸣惊人。

一、少年得志，成为中青队头号射手

2003年，笔者与王永珀在长沙第五届全国城运会合影

王永珀曾是中青队的头号射手，可是2007年初，他却在新一届国奥队海选中意外落选，不少人觉得意外，这对他本人也是一个不小的打击。

他没有得到杜伊科维奇的青睐，最主要的原因是那段时间他的状态不是很好，没有被列为海外拉练人选。王永珀回到泰山队之后，于2007年1月5日跟随全队南下海口和清远冬训。

王永珀训练非常刻苦，表现出良好

的状态，这让图巴喜上眉梢。不过在 1 月 16 日进行的 YOYO 体测中，王永珀没能达标。

谈到那次体测，王永珀说："其实我那次跑得很好，也不知道什么原因，跑到第 24 个来回，裁判把我罚下了。"

在海口期间，图巴安排的训练量非常大，但王永珀每次都能出色地达到教练的要求。

2007 年 2 月 2 日，王永珀参加在广州举行的 YOYO 体侧补测，轻松过关，拿到新赛季的参赛资格。王永珀高兴地对我说，现在可以专心训练技战术，为新赛季上场做好准备了。

二、首秀征服烟台球迷

2003 年，王永珀被泰山队俄罗斯籍老帅涅波选到一队。

9 月 7 日，泰山队与长春亚泰队进行了一场热身赛，烟台球迷因此记住了王永珀的名字。王永珀替补上场，包办两球。这位年仅 16 岁的小将，用两粒美妙的入球征服了烟台球迷；不过他因一张红牌没能踢到最后，又让球迷多少有 些遗憾。

三、崇拜尼古拉斯

我曾问王永珀泰山队中他最崇拜谁，王永珀说，他特别喜欢尼古拉斯（尼古拉斯 · 韦德克）。

"他在场上太自信了，他在门前的感觉很好，射门也干净利落，这些都值得我学习。前几天在与长春亚泰队的比赛中，他进了两个球，我也攻进了一个球，但还是他进的那两个球漂亮。"

他还说，队中老队员都值得他学习，他们对他也很关心，在训练和比赛中鼓励他很多。

“刚到一队训练时，我多少有些紧张。让我感动的是，我每次出现失误，老大哥们都是鼓励我，从来没有指责过我。”

四、图巴期待他接班郑智

王永珀2003年就被涅波上调到一队，比崔鹏进一队早两年，可崔鹏在队内早已站稳主力位置，王永珀却连替补也打不上。他心里非常急，但没有怨言，平时训练非常刻苦，抓得更紧，时刻等待机会。

2007赛季郑智离开泰山队，不少专家认为应该给王永珀提供上场的机会，因为依据王永珀的技术特点和能力，胜任前腰位置应该没有问题，只是综合能力有待提高。

其实图巴内心里比较喜欢王永珀。在图巴看来，王永珀在场上大局观很强；射门欲望很强烈，远射有威胁；场上气质也不错，很有大将风度。

王永珀更是渴望2007赛季能够打上主力，这样他在下次的国奥队集训中能够榜上有名。

王永珀最初成名是在2003年芬兰世界少年锦标赛，那一年他16岁。中国队与哥伦比亚队那一战，他打进精彩一球；中国队对阵墨西哥队，他再度取得进球。这两个球表现出王永珀在门前良好的射门意识和扎实的射门技术功底。

2006年，在印度举行的亚洲青年锦标赛中，他以三粒美妙的进球征服国内球迷，再次在亚洲足坛走红。赛后，国内媒体对王永珀是一片赞美之辞。中青队三战全胜，以小组第一名出线，王永珀三场比赛入账三球。

王永珀最大的特点是在场上善于即兴发挥，射门欲望强烈，门前感觉也不错，远射有一定功底。中国队与泰国队比赛时，下半场被换上场的王永珀用一记漂亮的“世界波”洞穿对手大门，众多球迷和专家对那粒精彩进球赞不绝口。

五、受叔叔影响走上足球这条路

王永珀走上足球这条路，主要受他叔叔的影响。

他的叔叔王海芳曾是20世纪八九十年代山东队和青岛队后防线上的一员猛将，王海芳曾担任鲁能足校后备梯队主教练。

王永珀4岁开始踢球，那时王海芳在山东队和青岛队效力，腾不出时间教他。偶然有空，王海芳就教他一些基本功和技术要领。王永珀悟性好，一点就透，他从小崇尚进攻，喜欢射门，善于创造性发挥。

1997年，10岁的王永珀离开家人来到济南，被郭侃峰选到泰山三队。当时足坛名将汤乐普担任青岛海牛三队的教练，也看中了王永珀，多次表示希望王永珀留在青岛，跟着他练。王永珀全家左右为难，担心他一人到济南不能照顾自己。但最后，王永珀被郭侃峰的诚心所打动。郭侃峰对王永珀的家人承诺，一定会把王永珀当成自己的孩子，好好培养。

1997年冬天，王永珀被郭侃峰带到济南。王永珀能有今天，凝聚着郭侃峰的不少心血。郭侃峰在生活上和训练中对王永珀都非常关心。

刚开始的几年，王永珀虽然在泰山队迟迟打不上主力，但参加的大赛不少，比如芬兰世界青年足球锦标赛、长沙五城会和南京十运会，他均有出色的表现。

特别是2005年10月举办的江苏十运会，王永珀作为主力前锋，为山东全运男足夺得金牌立下汗马功劳，引起国内有关专家和一些俱乐部的注意，天津泰达队多次放出口风，准备把王永珀“买”走。王永珀向我表示，他哪儿也不去。

“鲁能泰山队是国内最规范的俱乐部。图巴是一位非常优秀的教练，我跟着图巴练，能学到很多先进的东西。今年冬训，他对我很照顾，我收获很大。”

六、在亚冠大放异彩

图巴曾经私下表示，他很欣赏王永珀，不让他打主力，只是想憋憋他。

郑智走后，图巴开始重点栽培王永珀，重新打造新的战术组合和进攻体系，希望王永珀能填补郑智留下的空缺。

王永珀做好准备，渴望能在2007年中超赛场上占有一席之地。

王永珀(孙芪青 摄)

2007赛季开打，图巴给了王永珀机会，让他出任前腰，王永珀表现非常抢眼。3月21日，泰山队主场迎战韩国城南一和，王永珀用一记漂亮的“世界波”征服了图巴。赛后，众人对王永珀的表现赞不绝口。

比赛结束之后，包括城南一和队的主教练在内，大家谈起王永珀都伸出大拇指。

城南队主帅金学范表示，赛前他只知道李金羽、周海滨和日夫科维奇是泰山队最有威胁的三名队员，但这场比赛让他很吃惊。

“对手的13号队员太好了，他在今晚的比赛中自始至终都表现得很努力，而且打得很清楚，我认为他踢得特别好。”

泰山队主帅图巴极为关注王永珀的表现，中场休息时，他在休息室里点拨最多的人就是王永珀。

比赛结束后，图巴也对王永珀做出了点评：“事实上，我自到泰山队以来就注意到了他的水平和能力，我一直在为王永珀寻找最适合他的位置。如果他能接受我的工作方式，我敢保证，他会取得更大的发展。”

同时，图巴对王永珀有更大的期待：“他的天赋很高，能否取得成功更取决于他的勤奋程度。”

之后的亚冠杯赛，王永珀一发不可收，分别在客场对阵越南隆安队打进扳平比分的一球、在前四轮攻进三个球，成为泰山队亚冠赛上第一射手。

王永珀凭借在亚冠赛和联赛上出色的表现，被国奥队主教练杜伊科维奇相中，获准参加2007年4月25日的国奥队集训。

七、因伤错过国奥队集训

就在王永珀风头正劲的时候，在2007年5月5日联赛主场对阵陕西队的比赛中，第20分钟时，王永珀跟陕西队球员沈晗拼抢时被对方别了一下，当时就站不起来了。队医为他紧急处理之后，马上打出换人手势。随后，王永珀就被扶下场。没过一会儿，救护车呼啸而至，拉着脚上已经缠上冰袋的王永珀直奔医院，王永珀后被诊断为右脚第五趾骨骨折。

“这是旧伤了，我上次这个地方受伤是在荷兰世青赛之前，中青队在德国集训时，我跟关震都伤在这个第五趾骨上。当初的伤让我错过了世青赛，如今我好不容易在俱乐部打上主力了，没想到又栽到了这个伤上。”

王永珀郁闷地说。

据王永珀回忆，当时倒地之后，他的第一反应就是旧伤复发了："感觉跟我第一次受伤时一模一样。"在德国受伤让王永珀不仅错过了世青赛，而且还足足休养了三个月，这次受伤，他恐怕又要挂三个月的"免战牌"了。

"我现在烦透了。正是球队用人的时候，下星期三又要跟阿德莱德打亚冠赛关键的一仗，这个时候受伤了，我是彻底没招了。"

让王永珀感动的是，当救护车拉着他绕场奔往医院时，场内球迷集体高呼他的名字。

"我在车里都听见了，那一刻真是非常非常感动，鼻子也觉得酸酸的。球迷们太好了，我无法更好地报答他们，只能积极恢复，争取早日重返赛场，为他们带去快乐。"

图巴也为他的伤情心急，亲自帮他联系医生，决定让助理教练张海涛带他到卡塔尔找自己的朋友进行手术治疗。

2007年5月23日，泰山队与城南一和队的生死之战，王永珀因伤缺阵，图巴认为泰山队损失很大，王永珀也感到遗憾。

巴力斯塔：
永远的“忠橙记忆”

巴力斯塔（埃德森·巴力斯塔）是鲁能泰山队历史上第一位外籍球员，于1998年加盟泰山队。

2016年，笔者与巴力斯塔合影

1999赛季，他为泰山队夺得首个“双冠王”立下汗马功劳。2003年7月14日，我和李志刚在西安采访了巴力斯塔，他见到我俩发出最大的感慨：“还是山东好啊！”

听得出巴力斯塔对山东，对昔日母队泰山队一往情深。

巴力斯塔说，泰山队是他离开巴西之后加盟的第一支外国球队，他不可能对这支球队没有感情。他在济南生活得很好，山东人对他特别热情，更重要的一点是，自己和泰山队一起到达了中国足球的巅峰，毕竟“双冠王”不是每个人都能达到的目标。

一、桑特拉奇是“巫师”，金正男不适合当主教练

1999赛季，鲁能泰山队成就了“双冠王”伟业，但不少人把泰山队的成功归结为偶然因素起了一定的主导作用。巴力斯塔却不这么认为，在他看来，偶然当中存在必然。

他说：“联赛如果没有北京国安队帮忙的话泰山队是不可能获得冠军的，足协杯赛最后赢了大连队更是上帝拉了泰山队一把。”

巴力斯塔还说，他自己也经常回忆起那个美好的赛季。“那是一个到现在仍让人迷醉的赛季。那一年，上帝确实一直和我们泰山队在一起。其实按照球队的基本实力，1999年，我们泰山队在联赛打个第五名也很正常。”

巴力斯塔把当年的成功更多地归结为球队的团结。当时队内气氛很好，大家什么事情都往一处想，劲往一处使，一个球队一旦团结了，想不成功都很困难。

作为泰山队的一名球员，在那样的集体里面，可以想象当时每个人的心情是多么舒畅，他没有办法不怀念那段难忘的时光。

巴力斯塔对桑特拉奇给予很高的评价，称赞桑特拉奇是一名“巫师”。

巴力斯塔说，他能感觉得到桑特拉奇的“魔力”，桑特拉奇把泰山队的所有队员都迷住了。在桑特拉奇的号召下，所有队员在场上都有超水平发挥。

桑特拉奇在1999赛季的功劳不单体现在足球场上，更多地体现在一些场外因素：他知道怎样才能让球员为他“卖命”，而且做得相当成功。他当时是如此敬业、如此精力旺盛，泰山队里的很多中国球员一听到他的笑声就会深受鼓舞，精神状态都会发生很大变化。

在1999赛季的辉煌之后，桑特拉奇在2000年黯然“下课”。对此，

巴力斯塔的评价是："我想他没有再把心思用到这支球队上。"

金正男是鲁能泰山队第一任外籍主教练，巴力斯塔是泰山队第一位外援，巴力斯塔在1998年跟随金正男一个赛季，对他有一定的了解。

巴力斯塔认为金正男为人很忠厚、待人很诚恳，像金正男这样的人确实很少见。但是巴力斯塔并不赞同"金正男只是一个好人，但对于足球理解不深"的说法，巴力斯塔认为，这对金正男是不公平的。

巴力斯塔认为金正男对足球的认识很深刻，也很正确，只是他太不善于表达，不会把自己想到的东西通过训练灌输到球队中。巴力斯塔觉得金正男似乎不太适合当主教练。

有一件事，巴力斯塔耿耿于怀。

那是1998年5月17日，甲A联赛泰山队客场对战申花队，范志毅场上动作粗暴，多次铲到巴力斯塔，还趁裁判不注意，朝巴力斯塔的脸上吐了一口痰。事后，尽管鲁能俱乐部提出申诉，希望中国足协能为巴力斯塔讨回公道，但范志毅矢口否认，最后巴力斯塔吃了哑巴亏，但山东球迷对范志毅不依不饶。

2016年，巴力斯塔从巴西重返济南，造访老东家。几个媒体朋友和鲁能俱乐部副总经理柳历牛与他共进午餐，席间谈起与范志毅起冲突的那件事，巴力斯塔直摇头，表示他永远不会忘记那件丑闻，因为那是他人生中受到的最大侮辱。

二、与白翻译情同父子，因文化差异没有"好人缘"

在泰山队历史上，葡语翻译白家麟并不是一个声名显赫的人物，但在1999赛季，为泰山队夺得第一个"双冠王"立下汗马功劳的两名外援巴力斯塔和罗梅罗，与白家麟感情很深。在生活中或者比赛时遇到难题，他们都找白家麟解决。

在白家麟看来，自己只是尽到了一名翻译的职责，并成为外援生活中的好朋友。巴力斯塔和罗梅罗待白家麟非常好，巴力斯塔与白家麟情同父子，经常请白家麟到家里吃饭，白家麟也很关心巴力斯塔和罗梅罗的生活。

白家麟清楚地记得，巴力斯塔是 1998 年 6 月 4 日加盟泰山队的。巴力斯塔最初效力于陕西国力队，因他女朋友与他母亲闹矛盾，他没有事先与俱乐部打招呼便私自回国处理家务事，被国力俱乐部得知后除名。后来，经纪人又把巴力斯塔介绍到泰山队，泰山队开始对巴力斯塔持观望态度。巴力斯塔本人很想留在中国，训练非常刻苦，加上他左脚技术出众，训练和比赛富有激情，很快赢得泰山队主教练金正男的好感，最终如愿以偿披上了鲁能泰山队的战袍。

巴力斯塔在 1998 赛季表现出了很高的水平，尤其是出色的组织能力，他用娴熟的左脚技术、张扬的个性、精湛的射门脚法，赢得了泰山球迷的厚爱。不过那时，巴力斯塔在日常生活中经常遇到一些麻烦，因为俱乐部厨师不能专门做西餐，所以每次中午训练之后，巴力斯塔不得不到城内吃肯德基。主教练金正男很心疼，有时他自己掏腰包让白家麟到市区为巴力斯塔定西餐。

为什么第二年泰山队弃用巴力斯塔，后来又重新把他召回？白家麟说，巴西球员在场上善于即兴发挥和创造性表演，引起了泰山队部分球员和个别教练的不满，认为他在场上太“独”。当鲁能俱乐部就巴力斯塔继续留用征求全队意见时，有相当一部分球员持反对态度。

没想到这事走漏了风声，被《济南时报》提前独家披露，在泰山队球迷中引起轩然大波。迫于球迷和媒体的压力，鲁能俱乐部最终又改变了主意。巴力斯塔在队内没有形成“好人缘”，主要是中外文化的差异所致。

1999年4月5日，鲁能俱乐部通知白家麟到机场接巴力斯塔和罗梅罗。当时泰山队在泰安训练，主教练桑特拉奇见到巴力斯塔的第一面，就送给他一双六七成新的阿迪达斯牌球鞋。桑特拉奇对巴力斯塔说，他做球员时曾经穿着这双鞋进了很多球，他也看过巴力斯塔在1998年的很多比赛录像，称赞巴力斯塔是一位很有特点的队员。桑特拉奇希望巴力斯塔在新赛季穿着他送的鞋，能有出色的表现。巴力斯塔接过桑特拉奇手中的鞋，非常激动，发誓一定不辜负主教练期望。巴力斯塔努力改变第一年与队友缺少沟通的缺点，在场下主动与李霄鹏、刘越等队员交流，逐渐融入队伍，很快得到队友的信任。

巴力斯塔在1999年联赛中表现出很高的水平，他出色的组织盘活了泰山队中场。在足协杯赛半决赛第二回合，泰山队客场挑战延边队，比赛进行到89分钟时，泰山队还以0比1落后，这时巴力斯塔一记远射将比分扳平，挽救了泰山队，将泰山队送进决赛。

罗梅罗：
饿着肚子替补上场，创造传奇

罗梅罗在赛场上（袁勇 摄）

1999赛季，鲁能泰山队神奇地夺得“双冠王”，头号功臣当属乌拉圭外援罗梅罗。

足协杯决赛，泰山队两度落后，罗梅罗替补上场，戏剧性地上演“帽子戏法”，完成大逆转，帮助球队夺得足协杯冠军。

那个赛季，罗梅罗远远赶不上他的南美老乡巴力斯塔幸运，因为桑特拉奇对巴力斯塔非常器重，几乎场场让他首发，使他打满全年比赛；罗梅罗却遭到冷落，迟迟踢不上主力。

罗梅罗在乌拉圭是一位大牌球星，他是乌拉圭国家队的三号前锋。来泰山队之前，因与妻子离婚，他感情上受到创伤，竞技水平下滑，但还是具备一定实力。

罗梅罗到泰山队试训的时候，泰山队在北京体育大学踢了一场教学比赛，他表现出很好的状态和水准，一人打进五个球，引起桑特拉奇的好感。

在桑特拉奇看来，罗梅罗体能非常好，弹跳能力很强，奔跑积极，能攻能守，可以弥补宿茂臻的一些缺点。

罗梅罗全场活动范围很大，防守积极，不少人认为他在乌拉圭踢的是后卫。

可是一个赛季下来，罗梅罗迟迟没有进入状态，在泰山队的一年很不顺，令他非常郁闷。全年联赛他只在客场对阵广州松日队时进了一个球，桑特拉奇对他失去信心，一度把他发配到预备队。

罗梅罗整天与年轻队员混在一起，鲁能泰山俱乐部葡萄牙语翻译白家麟有时与罗梅罗开玩笑，称他是“儿童团长”。

由于罗梅罗在联赛中找不到状态，上半年曾有媒体称他是“水货”；他的名字也一度被不少媒体写错，不少人叫他“罗麦多”。对此，鲁能泰山俱乐部非常气愤，曾就此问题向乌拉圭有关方面进行过调查核实。

罗梅罗的确很不走运，一个赛季受了三次重伤，自然影响了他的水平发挥。

第一次受伤是刚到济南不久，有一次他搭乘出租车到市内，结果撞到电线杆上，头部受了重伤，一个半月没有参加系统训练。

第二次受伤是在一次训练课上，他与年轻队员撞到一起，头部再次挂彩，缝了好几针，又耽误了一段时间。

联赛第三阶段开打之前，罗梅罗的状态本来特别好，不幸的是在训练中扭伤了脚。

在一次赛前准备会上，罗梅罗因为迟到被桑特拉奇点名批评，他当时很不服气，指着桑特拉奇的鼻子骂了起来。

罗梅罗骂道：“你有时开会也迟到，怎么不说说自己？”后来他被翻译白家麟和时任俱乐部总经理邵克难劝开。邵克难特意把罗梅罗叫到另一个房间，对他进行了一番苦口婆心的教育。

邵克难说：“你怎么这么不懂事，还敢跟主教练‘顶牛’。你打前锋一直不进球，你知道我作为总经理为你承受着多大的外界压力？”邵克难说得罗梅罗一言不发。

其实，罗梅罗有些瞧不上桑特拉奇。有一次，白家麟对罗梅罗说，南斯拉夫足球属于欧洲拉丁派。罗梅罗不屑一顾，他说以前只听说过英式足球、德式足球和法国拉丁派，还从来没有听说过南斯拉夫派，因为南斯拉夫从来没拿过世界冠军。

罗梅罗没有在联赛中表现出应有水平，令人失望。足协杯决赛第二回合前三天，他让女朋友带着行李提前回国；因为他很重友情，与宿茂臻和李霄鹏等队员关系很好，所以决定推迟三天回国。

罗梅罗表示，即使足协杯决赛自己不上场，也会在场下为队友加油，分享队友的快乐。

1999 年 12 月 12 日足协杯决赛这一天，罗梅罗早餐和午饭都没吃。下午到赛场后，他对白家麟说肚子饿，白家麟便给了他半块巧克力。

桑特拉奇没有安排罗梅罗首发，当上场队员热身时，罗梅罗坐在沙发上表情麻木。塞语翻译李良石与罗梅罗开了几句玩笑，调动他的情绪。

比赛进行到上半时 35 分钟，宋黎辉受伤，跑起来一瘸一拐，多次示意桑特拉奇换人。

桑特拉奇扫了一眼罗梅罗，让他做好上场准备。当时，教练席上不少人觉得不可思议，因为罗梅罗的状态一直低迷。10 月 31 日他休假结束后，还没有踢过比赛。

桑特拉奇把罗梅罗换上场时，还特意把巴力斯塔叫到场边，告诉巴力斯塔，有机会就传给罗梅罗。

那场比赛，罗梅罗终于全面爆发，将积蓄了一个赛季的能量全部迸发出来，给了球迷一个惊喜，也给了桑特拉奇一个惊喜，充分证明了自己的价值。他连续三次敲开大连队的球门，为鲁能泰山队创造了神奇，用事实给了那些怀疑他能力的人一个强有力的回击：罗梅罗就是罗梅罗，假的真不了，真的也假不了。

桑特拉奇为什么让罗梅罗上场？这个用人行为确实有一定的冒险性，但当时泰山队无人可换。不过这也从另一方面说明，罗梅罗堪称大牌前锋，关键时刻方显英雄本色，这也许就是天意。

赛后，现场的每一个人都对这位来自乌拉圭的“斗牛勇士”赞不绝口。时任鲁能俱乐部总经理邵克难认为，鲁能泰山队最后的冠军命运就被罗梅罗把握住了。

一向很少表扬罗梅罗的桑特拉奇也对罗梅罗大加赞赏，他称赞罗梅罗是一个创造奇迹的人，这一点他一直深信不疑。泰山队上半时踢得比较被动，欠缺的就是罗梅罗那种一拼到底的精神，正是这种精神感染了其他队员，令球队最终迎来了胜利。

当晚的庆功宴会上，这个沉默寡言的乌拉圭小伙子尽管内心很兴奋，但脸上显得很平静，坐在一个很不显眼的地方认真地给球迷签名。

罗梅罗表示，这场比赛是他的告别赛，他心里很难受。因为他很喜欢泰山队，泰山队是一支非常棒的球队，但他觉得自己与全队的风格不太融合，始终没能融入球队中，对此他深深地感到遗憾。

罗梅罗要走的消息在济南球迷中引起很大反响，不少球迷强烈呼吁俱乐部一定要把罗梅罗留下来。

有的球迷还准备举行签名挽留罗梅罗的活动。泰山球迷之所以对罗梅罗喜爱有加，是因为他在场上有一种不要命的精神。虽然他在全年联赛中只有一球入账，但只要教练把他派上场，他就特别兴奋，像一台“推土机”，满场飞奔，不断给队友拉开空当，创造机会。

罗梅罗性格内向，在中国也存在着语言障碍，不过他与队友相处得很好，大家都很喜欢他，特别是对他在场上的那种“跑不死”的作风叹为观止。

舒畅不止一次对我说：“别看罗梅罗在场上始终不进球，但你看看他在场上的那种拼劲，简直是个‘跑不死’。他虽然自己不进球，但他为队友制造了很多机会。”

宿茂臻对自己的搭档罗梅罗评价也很高：“他本来就很有实力，但连续地受伤影响了他的水平发挥。他一直憋着这股劲，现在终于爆发了。”

1999 年 12 月 16 日，罗梅罗登上了返回乌拉圭的班机。离开中国前，他心潮起伏，思绪万千。

在中国的日日夜夜，他既忍受了伤病和寂寞，以及打不上主力的痛苦，也靠自己的努力赢得了荣誉，为泰山队创造了奇迹。临别时罗梅罗十分不舍，他动情地说：“一年来，山东球迷给了我很多的支持，在我最困难的时候，他们热情地鼓励我。我要感谢他们，从内心感谢他们。”

名人逸闻

古今多少事，渔唱起三更。竞技场上，他们挑战自我突破极限；竞技场下，他们用最温暖、最有力量的微笑感染你我。

袁伟民：
中国女排伟业的缔造者

2004年10月15日，笔者在国家体育总局会议室与袁伟民合影

袁伟民是中国女排“五连冠”霸业的缔造者。训练场上，袁伟民不苟言笑，对队员要求严格，不留情面，谁完不成训练任务、达不到训练要求，必须加练。

袁伟民对弟子非常苛刻，原因只有一个，就是要在世界赛场上升国旗、奏国歌，让中国人民扬眉吐气。

郎平18岁那年，被袁伟民从北京女排招到国家队，开始了炼狱般的训练。

刚入队时，郎平吃不消，一度有打退堂鼓的想法。可是袁伟民慧眼识珠，认为郎平具备成为一名世界优秀女排主攻手的条件，于是对她的训练格外严格，先练体能，以此弥补体质上的不足；再练球技，一堂训练课，郎平连续扣球几百次，多次累倒在训练场上。

功夫不负有心人。经过袁伟民严格的大运动量训练，郎平成为中国女排第一重炮手、全队进攻的主要火力点，被誉为中国女排的“铁榔头”。

1981年，袁伟民率中国女排在日本以7战全胜的战绩夺得世界杯冠军，举国上下一片欢腾。

在那个物质生活和精神生活匮乏的年代，几亿中国人通过黑白电视机，观看中国女排夺冠的历程，分享中国女排夺冠的喜悦。赛后，人们纷纷走上街头，敲锣打鼓，载歌载舞，庆祝中国女排夺冠。

中国女排成为一面旗帜，女排精神激励和鼓舞着各行各业的人们。

此后中国女排又连续夺得世界锦标赛和奥运会等四次世界冠军，成就了“五连冠”伟业。

我也记住了功勋教练袁伟民的名字，让我没有想到的是，做了体育记者后有幸采访他。

袁伟民表面上很威严，不过这位德高望重的老人待人很温和，很平易近人。

2004年10月15日，我跟随时任山东省副省长蔡秋芳和山东省体育局局长于学田到国家体育总局递交十一运会申办报告，在与袁伟民一个小时的交谈中，发现这位世界名帅待人非常随和，对山东体育事业的发展也十分关心并给予很高评价。

袁伟民首先对山东这次能够积极申办十一运会感到高兴。他认为，如果山东能够申办成功，将会促进山东体育事业和其他各项事业的发展。袁伟民还表示，他非常感谢多年来山东省对中国体育事业做出的突出贡献。提到刚刚结束的雅典奥运会，他更是对山东籍运动员表现出的良好精神状态赞不绝口。

袁伟民回忆说：“杜丽打响第一枪，为中国代表团实现了开门红。国际奥委会主席罗格（雅克·罗格）给她颁发金牌，这可是他上任后第一次颁发奥运金牌。山东两位举重运动员的表现很出色，刘春红发挥十分稳定，唐功红有超水平发挥，她最后一举只有超过对手10公斤才能夺得金牌，最终一举成功，她的表现鼓舞了中国代表团的士气。邢慧娜在女子10000米比赛中的表现出乎预料，真没想到最后的冲刺时刻她能打败前面的三位埃塞俄比亚选手。”谈到山东四位运动员的表现，袁伟民如数家珍，兴奋之情溢于言表。

袁伟民还说，山东对中国的体育事业贡献很大，这么多年来，山东培养了很多体育人才，现在山东的各项事业发展形势越来越好，各级政府领导对体育事业的工作非常支持，并全力以赴支持十一运会的申办。他对此表示感谢。

他还说，山东既是经济大省，又是人口大省、体育大省和文化大省，他一定要到山东看一看。这时蔡秋芳副省长代表省委书记张高丽和省长韩寓群，真诚地邀请袁伟民经常到山东指导工作，袁伟民连说谢谢。

事实证明，山东用出色的表现验证了袁伟民的预言，承办了一届无与伦比的全运会盛会，赢得各个参赛代表团、媒体记者和四海宾朋的广泛赞誉。

此后我还有几次在赛场上见到袁伟民，不过没能再次采访他，因为袁伟民有一个惯例，他做了国家体育总局局长之后，基本上不接受媒体采访。

蔡振华：
国球大帅第一人

2008年7月，笔者在北京与蔡振华合影

蔡振华和我是同一时代的人，从他做运动员登上世界冠军宝座到退役后前往意大利执教，再到中国乒乓球处于低谷时回国挑起重振国球的重担，我一直关注他的人生轨迹。

蔡振华是江苏无锡人，1979年入选国家队，作为主力队员参加了1981年、1983年和1985年三届世界乒乓球锦标赛，夺得过第36届世界乒乓球锦标赛男子团体、男子双打冠军和第37届世界乒乓球锦标赛男子团体冠军以及第39届世界乒乓球锦标赛混双冠军。对蔡振华来说，最遗憾的是没能夺得男子单打冠军。

1985年蔡振华挂拍，被当时的国家体委派到意大利执教。那个时候，我大学还没有毕业。

1989年，蔡振华放弃了国外舒适的生活和工作条件，在国内涌起出国热大潮的背景下，他毅然选择回国发展，令人钦佩。

1991年，第41届世界乒乓球锦标赛成为中国男子乒乓球队的滑铁卢，男子团体比赛仅获得第七名。蔡振华临危授命，出任男队主教练，从此开始了为中国男乒重整山河的征程。

那个时候，我还在医院做医生，对蔡振华的了解只是通过报纸和电台。在1993年瑞典哥德堡举行的第42届世界乒乓球锦标赛上，男子团体决赛中国队与东道主瑞典队狭路相逢，中国队1比3失利，功亏一篑，与斯韦斯林杯失之交臂。不过这让蔡振华看到了希望，他增强了率队重新捧杯的决心。

1995年，在天津举行的第43届世界乒乓球锦标赛上，蔡振华率领弟子马文革、孔令辉和刘国梁，在决赛中击败老对手瑞典队，夺回失去了三届的男团冠军金杯。我在电视机前感受到了他成功的喜悦。

1996年，我成为体育记者，对蔡振华的了解越来越多。

第一次采访蔡振华是在1998年济南举行的乒乓球大奖赛上。蔡振华给我的印象是做事干脆利落，对记者很友好，没有明星架子。

那一年，蔡振华已经成为中国乒乓球队的总教练，是一个大忙人。当时国家男队在河北正定集训，女队在潍坊训练，蔡振华奔波于正定和潍坊两地，既要对他手下的弟子悉心教导，又要对国家男、女乒乓球队的集训情况进行监督和指导。

1998年4月1日，蔡振华到潍坊检查女队的训练情况，我特意赶到潍坊英才训练基地，这是我第一次坐下来对他深入采访。蔡振华当时已经是威震国际乒坛的大腕教练，培养了多名世界冠军，战功显赫。采访中他给我留下了非常好的印象。

蔡振华约我来到训练馆一角的过道里，找来一条板凳我们俩一起坐。他谈吐诙谐幽默，待人热情，一点儿冠军教练的架子都没有。

蔡振华告诉我，这次国家队集训是历史上最长的一次，一共是40天。主要目的是备战12月的曼谷亚运会和第45届世界乒乓球锦标赛。训练日程排得很满，训练量很大。除了技术训练外，每周还要安排三次电脑学习和两次业务学习。队员在完成所规定的技战术要领训练的基础上，还要结合个人薄弱环节以及外国选手的情况，加强针对性训练。这给教练提出很高的要求，训练手段必须先进，训练方法一定要打破原来的旧框架，力求有突破、有创新，只有这样，中国乒乓球队才能长盛不衰，才能为推动世界乒乓球运动的发展做出贡献。

谈到国家队的现状，蔡振华认为，从教练员到运动员，一定要有忧患意识，因为中国乒乓球在国际乒坛并不占绝对优势，女队的情况稍好于男队，但是中国女乒的技术风格必须走男子化的道路，打法要凶狠，要有主动进攻的意识。因此，本次集训无论是训练手段还是训练计划，都较以往有很大变化。

中国女乒的最大威胁仍然是朝鲜和韩国选手以及“海外兵团”。女子双打项目水平落后于韩国，但中国队还保持着整体优势。李菊、王楠、王辉和杨影等一批年轻选手进步很快，她们在技术方面丝毫不比邓亚萍逊色，在某些方面甚至还超过邓亚萍，只是比赛经验和作风不如邓亚萍。这几名队员已成为顶梁柱。

男队面临的形势比女队更严峻，特别是单打项目没有太多优势。阻碍中国队夺得世界冠军的三个“拦路虎”分别是白俄罗斯的萨姆索诺夫（弗拉基米尔·萨姆索诺夫）、瑞典的瓦尔德内尔（简·诺瓦·瓦尔德内尔）和克罗地亚的普里莫拉茨（佐兰·普里莫拉茨）。中国男选手要努力在1999年的世界乒乓球锦标赛上夺回男单冠军，没有丝毫退路和骄傲，训练上必须全身心投入，教练员在训练方法上一定要敢于突破，大胆创新。

蔡振华还与我谈起了“杨影事件”，主要是杨影没有按时归队，违反了队规，国家队暂时将她除名，这是对她的爱护。对年轻队员，必须严格要求，但又不能一棍子打死，还要给她一个改正错误的机会。杨影回到地方队后，经过教练的批评教育，认识到自己的错误，训练很刻苦，所以，这一次国家集训，又把她重新召回。

蔡振华还对我说，中国乒乓球队的纪律，任何队员都要遵守，不允许搞特殊化，因为中国乒乓球队是一个团结战斗的集体，大家必须有集体主义观念。

说起曼谷亚运会的目标，蔡振华保持低调态度。他说，争取拿两到三块金牌，囊括所有的金牌没有绝对把握，关键是在与对手处于同等条件下不犯错误。他坚信，只要大家齐心协力，全力以赴，朝着既定目标迈进，中国队在亚运会上一定能够取得好的成绩。

1999 年第 45 届世界乒乓球锦标赛在荷兰埃因霍温举行，报社派我去采访。出国之前，中国乒乓球队安排记者到正定采访，我在正定基地待了三天。蔡振华对大家非常热情和友好。我们离开的时候，他还把我们送到大门口，给每一个记者送了一个双鱼牌的背包，这也是中国乒乓球队出征荷兰的主要装备。

在荷兰的日子里，我们与中国乒乓球队朝夕相处。蔡振华很体谅大家写稿的难处，每天举行一个见面会，总结前一天的比赛情况，展望第二天的比赛前景，让我们这些采访比赛的记者觉得每天都有东西可写。那届比赛中国队所向披靡，夺得全部五个单项的冠军，蔡振华高兴得合不拢嘴。

2004 年雅典奥运会，中国乒乓球队夺得三枚金牌，但丢掉了含金量最高的男单冠军。蔡振华的得意弟子刘国梁泪洒雅典，他指挥王皓没能抵挡住韩国小将柳承敏。蔡振华没有责备刘国梁，仍对弟子寄予厚望，相信他一定能成为一名优秀的教练。

2004 年，蔡振华被国家体育总局任命为国家乒羽管理中心主任，成为司局级干部。他肩上的担子更重了，他的目标是 2008 年北京奥运会，压力很大。

蔡振华认为，国际乒坛上“世界打中国”的格局还在进一步延续。由于北京奥运会很可能把双打改为团体，韩国队、德国队、中国台北队、丹麦队、奥地利队、瑞典队将成为中国男队最主要的对手，其中韩国队、德国队对中国男队的威胁最大。中国女队的主要对手仍然来自亚洲，朝鲜队、中国香港队、新加坡队、日本队、韩国队都有很强的实力。

蔡振华的职位高了，他说自己的责任更大了，烦琐的事也多了，因为乒乓球、羽毛球是中国体育的两个金牌优势项目。2008 年北京奥运会上，在他的带领下，这两个项目取得了非常优异的成绩。

2009 年，笔者在十一运会网球赛场采访蔡振华

十运会前夕，蔡振华升任国家体育总局局长助理。2005 年 10 月 14 日，我到无锡采访十运会乒乓球女团决赛，在贵宾席见到了蔡振华。见面后，我们热情地寒暄起来。蔡振华西装革履，显得非常干练。我握着他的手说：“蔡局长，你好！祝贺你，高

升了！”

“你觉得喊我‘局长’好吗？自然吗？”蔡振华说，“我们是老朋友了，我不习惯你们喊我‘蔡局长’，还是叫我‘蔡导’好了。”

这时一位女记者上前准备采访蔡振华，请他点评一下本次比赛，蔡振华婉言谢绝。“我现在身份不一样了，你们最好还是采访教练，我现在在这个位置上，说什么都不合适。”蔡振华还告诉我，他最近一直在中央党校学习，学习任务很重。

我问前来观战的国家队教练乔红，在中国乒乓球队如何称呼蔡振华。乔红回答说：“我们还是习惯喊他‘蔡导’，这样称呼他最亲切，只是在正式场合偶尔喊他‘蔡局’。他在我们教练面前还是和以往一样，没有任何官架子。”

到了颁奖的时候，蔡振华微笑着走下贵宾席。这是他上任后第一次出席颁奖仪式。

2008年北京奥运会前，《济南时报》推出了一期奥运特刊，我和同事訾言赶到国家体育总局，在蔡振华的办公室，他很愉快地在奥运特刊上题词。

在此后的十一运会和伦敦奥运会上，我又多次见到蔡振华。最近几年，因为他从国家体育总局调到全国总工会，我与他见面的机会越来越少了。

张吉龙：
助力足球起源地落户淄博

2004年，笔者在山东省体育中心体育场与张吉龙合影

2016年7月，网上的一则消息让我感到震惊和意外。在中国足坛乃至亚洲和国际足坛有着很好口碑的张吉龙，因为健康原因辞去亚足联第一副主席职务。

此番张吉龙离开亚足联权力中心，对亚洲足球尤其是中国足球来说是一个很大损失。不少足球圈内外的人士都在为他淡出足坛感到惋惜和遗憾。

说到张吉龙的名字，在中国足坛妇孺皆知，圈内人士都亲切地称呼他“龙哥”。我与张吉龙有着20多年的交情，在此分享一些有关“龙哥”的鲜为人知的故事，我们可以从中感受他身上浓厚的山东情结。

1996年《济南时报》创刊，希望通过一系列活动扩大影响力，当时担任中国足协专职副主席的张吉龙知道后给予了很大支持。

中国足协有一个足球新闻委员会，张吉龙当时担任主任。每年有一个传统活动，在全国足球圈内影响很大，那就是“全国足球好新闻评选”。

当时不少国内知名媒体都很想参与这次活动，借此扩大自己的知名度。龙哥首先想到了家乡的报纸《济南时报》，他拍板让创刊不到一年的《济南时报》冠名了这次好新闻评选活动。

那次活动很成功，征集到的稿件也很广泛——既有中央级媒体，又有各个省市的地方媒体。一家中央级媒体的足球记者拿着“济南时报杯”1996年全国足球好新闻一等奖的获奖证书与我调侃：“我们虽然是中央级媒体，但不如你们报社牛，是你们给我颁的奖，感谢你们。”从那次活动开始，龙哥与济南时报建立了深厚的友谊。

在哈曼（默哈默德·宾·哈曼）掌管亚足联之前，亚足联的实权派人物是马来西亚人维拉潘。我能与这位年过七十的足球老人成为老相识，多亏龙哥的牵线搭桥。

1997年广州亚洲女足锦标赛，报社派我到广州采访。在龙哥的帮助下，我结识了维拉潘。

当时龙哥向维拉潘介绍，这是来自他家乡的记者。在他的引荐下，我第一次专访了维拉潘，维拉潘还给《济南时报》题词，表达了对济南时报以及山东球迷的祝福。从那以后，我与维拉潘成了朋友。2002年釜山亚运会和2004年亚洲杯，我每次见到维拉潘，他都会以“张吉龙的老乡”称呼我。对于我的采访要求，维拉潘从来没有拒绝过。

通过这件事可以看出，龙哥在亚足联中的人缘非常好，威信也很高。龙哥不仅在亚足联有着很好的人脉关系，在国际足联口碑也很好。他与国际足联副主席——韩国人郑梦准关系非常好，国际足联前主席布拉特（约瑟夫·布拉特）对他评价也很高。2007 年中国女足世界杯和 2008 北京奥运会，我以张吉龙朋友的身份两次采访了布拉特，他都欣然答应。

2004 年亚洲杯在中国举行，当时有多个城市提出申办，济南有幸成为四个主办城市之一。

据我所知，龙哥在其中做了很多工作。那届亚洲杯取得圆满成功，济南是四个赛区中最出色的，赢得了时任亚足联主席的哈曼和秘书长维拉潘的高度评价。维拉潘称赞济南赛区是样板，到济南参赛的八支球队的主教练也对济南赛区的组织、接待和安保等工作赞不绝口。济南承办了一届有史以来最出色的洲际赛事，其中凝聚着张吉龙的一份心血。

2004 年 7 月 15 日，第三届中国国际足球博览会在北京展览馆隆重开幕。在“足球起源于淄博临淄”新闻发布会上，时任亚足联秘书长维拉潘代表国际足联和亚足联正式向世人宣布：中国是足球的故乡，足球的发源地是山东淄博临淄。当时时任国际足联主席布拉特和一些官员全部在场。布拉特对中国给世界带来如此美妙的运动以及为此所做出的贡献表示感谢。

在发布会上，龙哥非常兴奋，并向淄博市临淄区政府颁发了纪念杯和证书。淄博能够如愿以偿，成功申报足球发源地，离不开张吉龙的智慧和心血。最先提出申报“足球发源地”这个创意的就是张吉龙。淄博当地政府得知这一创意后产生了极大兴趣，非常重视，于是开始了申报运作。

申报程序非常复杂，龙哥在百忙之中经常给予具体指导，还陪同当地政府领导到国际足联总部苏黎世递交申报报告，向时任国际足联主席布拉特和亚足联官员陈述足球发源地就是中国淄博。在张吉龙的努力和帮助下，淄博临淄区正式被国际足联认定为足球发源地。

张吉龙身上有着典型的山东人气质：为人谦虚、豪爽，待人坦诚，做事正派。

有一年春节，张吉龙回济南探亲，我有机会与他一聚。谈到自己的传奇足球人生，张吉龙说，“踏实做事，正派做人，广交朋友，与人为善”是他做人的原则，正是因为多年来恪守自己的做人原则，他才有了今天的地位。

郎平：从“铁榔头”到冠军教头

2008年，笔者在北京奥运会期间采访美国女排主教练郎平

2021年9月1日，中国女排功勋教练郎平宣布离任。此时此刻，我有些伤感，也有些不舍，只能默默地向郎平道一声：谢谢郎导！感谢您为中国排球事业做出的突出贡献，感谢您给广大排球爱好者带来无尽的快乐。

我为什么伤感？因为郎平为中国女排事业带来了无限荣耀。虽说她与中国排协的工作合同到期，但她离任的原因是东京奥运会上中国女排没能获得小组出线资格。可以想象，赛后她承受着很大的压力。也许是压力使然，她选择了离开。

竞技体育就是这样残酷。不过对于郎平和中国女排来说，胜也英雄，败也英雄；球迷永远尊敬郎平，永远热爱中国女排。三十多年来，中国女排精神激励了一代又一代人奋发有为，积极向上。

不舍的是，郎平作为世界名帅，两度执教中国女排，付出了极大努力和心血。尤其是2013年在中国女排处于低谷时期，她临危受命，二度出山，作为“救火教练”重整旗鼓，率中国女排两夺世界杯赛和里约奥运会冠军。郎平也成为有史以来从金牌队员到金牌教练的第一人，我多么希望她能带领中国女排继续征战。

这让我想起了当年采访中国女排那些难忘的事儿，尤其是与郎平交往中的一些故事，至今仍历历在目。

20 世纪 80 年代初，我刚上大学。那时郎平还是中国女排的主攻手，有“铁榔头”的美称，是袁伟民手下的一张王牌。

那个年代，中国女排创下“五连冠”的辉煌。女排精神唱响大江南北，激励和影响着几代人。

从那时起，中国女排的比赛，我几乎没有落下过。那时，我看中国女排比赛只能通过电视直播，没有机会到现场。到了 20 世纪 90 年代中期，我做了一名体育记者，终于有了与中国女排近距离接触的机会，也更加关注郎平。

我第一次独家专访郎平，是在 1998 年 9 月 19 日。那一年她率中国女排来济南比赛，当时中国女排队内一位管理人员宣布不接受任何媒体采访，后来在朋友的帮助下，那位管理人员给我安排了 5 分钟采访郎平的时间。

我来到郎平下榻的中豪大酒店，见她正与张蓉芳谈工作，就亲切地称呼她俩“大姐”，还告诉两位女排名将，自己当年上大学时就是中国女排的铁杆球迷，对她俩很崇拜。几句话说得郎平十分高兴，她又是拿香蕉，又是倒茶水，还很客气地说：“有什么问题，随便问。”

我见郎平如此平易近人，没有一点明星架子，很快进入采访状态，与她一聊就是半个小时。从她的职业到她的家庭，再到她的女儿白浪，郎平娓娓道来。采访结束，郎平还给《济南时报》的读者朋友题词留念，那份题词至今还珍藏在我的相册里。

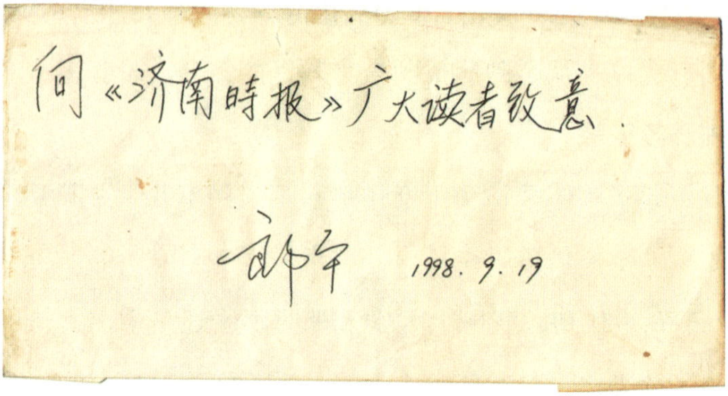
向《济南時报》广大读者致意

郎平 1998.9.19

回到报社之后，我写了一篇独家专访《听郎平讲述她心中的故事》，在《济南时报》和《体坛周报》上同时发表，在读者中引起很大反响。也就是在那一年，我认识了功勋教练陈忠和，他当时还是郎平的助手，与我成了好朋友。

我多次采访郎平，最难忘的一次是在2008年8月15日北京奥运会上，郎平执教的美国女排和陈忠和领衔的中国女排在半决赛中相遇。

“和平大战”引人关注，更吸引了众多中外媒体的记者。首都体育馆座无虚席，达到爆满的程度。“什么叫震耳欲聋，现在就叫震耳欲聋”，央视解说员宋世雄用激昂的声音将现场火爆的场面描述得相当清楚。我在记者席上也被他的声音震得不行。

中国女排和美国女排的姑娘们，为观众奉献了一场非常精彩的比赛，最终美国女排以3比2获胜。终场哨音刚落，美国队员欢呼雀跃，在场内围成一圈，不停地尖叫，但郎平坐在教练席一动不动。过了一会儿，郎平才站起来，与队员拥抱了一下就离开了。虽然郎平带领美国队赢了中国队，可是我没有听到现场球迷有一句倒戈声。

在新闻发布会厅，郎平表情非常严肃，没有一丝笑容。也许是以美国女排主教练的身份出席新闻发布会的缘故，郎平回答问题没有用汉语，而是讲了一口流利的英语。作为中国女排曾经的杰出代表，这次又以美国队主教练的身份在自己的祖国迎战自己的母队，郎平认为这只是一场很平常的比赛。

郎平说，她做美国队主教练四年，以前与中国队交锋多次。中国队只是美国队在奥运会上的一个对手，她更关注的是比赛本身，力求通过专业精神，给队员正确的指示。虽然这一次赢了中国队，但郎平认为美国队的实力仍然赶不上中国队。在郎平看来，比赛的输赢，除了取决于实力之外，还与场上的情况，以及对对手的了解情况有关。

随后进行的美国女排与巴西女排决赛，现场成了美国队的主场。中国球迷因为郎平的原因，都尽情地为美国队加油。最后美国队以 1 比 3 输给巴西队，获得一枚宝贵的银牌。郎平为自己的教练生涯写下了光辉的一页，这是郎平作为主教练在奥运会上获得的第二枚银牌。

2013 年中国女排主教练竞聘，郎平在最后时刻决定出山。众所周知，中国女排在那之前的两年正处于低潮期，主教练职位是一个烫手山芋。郎平能挺身而出，其精神难能可贵，也赢得了社会各界的赞誉。

再次当“救火”教练，对郎平来说，更多的是一种情结，一种责任和担当。

郎平再次上任后两年，带领中国女排逐渐走出低谷。2014 年 10 月，郎平率队夺得意大利世界女排锦标赛亚军；2015 年 5 月，又夺得亚洲锦标赛冠军。

2015 年是世界杯年，女排世界杯赛 8 月在日本举行。郎平率队夺得冠军，同时获得直通里约奥运会的资格。

里约奥运会上，中国女排小组赛打得十分艰苦，仅名列第四，获得出线资格。郎平显示出名帅的实力，在四分之一决赛中，淘汰夺冠呼声最高的东道主巴西队；在半决赛中又击败小组赛曾经输过的对手荷兰队，挺进决赛。决赛中，面对曾经输过的对手塞尔维亚队，在先失一局的不利形势下，中国女排逆转获胜，为中国代表团贡献了一枚含金量最高的金牌。这也是中国女排继32年前洛杉矶奥运会和12年前雅典奥运会之后，第三次夺得奥运金牌。

郎平和女排姑娘在里约奥运会上，拨云见日，笑到了最后。其成功的原因，用郎平的话说，是一种坚持，是一种执着，是一种对排球事业的挚爱。1981年，郎平作为中国女排头号球星，在日本第一次夺得世界杯冠军。时隔34年，她作为主教练，率队夺得世界杯冠军。2018年，她再次率队将世界杯冠军收入囊中，创造了中国女排的新辉煌。

日本曾是中国女排的福地，这次中国女排在东京奥运会上没能卫冕成功，但是中国女排的大旗不会倒。

虽然郎平离任了，但她先进的训练方式和先进的管理理念成为中国女排的宝贵财富。

《阳光总在风雨后》是中国女排的队歌。有郎平打下的良好基础，我坚信中国女排将重新崛起，有一天会再次站到世界最高领奖台。祝她们巴黎奥运会上重新夺回冠军。

叶鹏：
山东篮坛功勋教头

2001—2002 赛季的 CBA 联赛是新世纪中国篮坛 13 路诸侯首次大会演。山东永安男篮老帅叶鹏重挥教鞭，率弟子踏上新的征程。

说起叶鹏，他在中国篮坛称得上是一位风云人物。自 1995 赛季以来，他每个赛季都拼杀在 CBA 赛场，是执教 CBA 联赛场次较多的教练之一。

叶鹏（袁勇 摄）

1997—1998 赛季，叶鹏带领山东队创造了当时山东篮球联赛历史最好成绩——第三名；同年，他还获得了“全国最佳教练员”称号。

尤其令人称道的是，前两个赛季叶鹏都是在山东男篮处于保级最困难的时刻临危受命，帮助球队渡过难关。2001—2002 赛季，山东省体育局和山东永安俱乐部再一次把帅印交给了这位久经沙场的老帅。他深感责任重大，决心拼出一片新天地，不走回头路，让永安男篮以崭新的面貌出现在赛场。

2001—2002 赛季开始之前，我与叶鹏进行了一次深入对话。

一、不走回头路

问：叶指导，新赛季您追求什么样的技术风格？推崇什么样的战术思路？

答：我们永安男篮如果再走回头路，很难在 CBA 赛场有立足之地。众所周知，前几个赛季，我们惯用的战术法宝是“双塔”战术。随着三大中锋（王治郅、姚明和巴特尔）的崛起，加上其他各队外援水平和高度的增加，我们的“双塔”已没有任何的优势。新赛季，我们不会走回头路，要与时俱进，战术指导思想必须求新、求变。

问：能否具体谈谈战术思路？

答：当今世界，篮球的发展趋势就是要在“快”字上做文章，攻防转换的速度一定要快。为此，在训练中我要求队员一定要打出速度，从后场发动进攻，打到前场一定要抢在对方还没有形成协防的情况下，出其不意，打对手一个猝不及防，力求在 10 秒之内结束战斗。

九运会期间，我曾经与八一队主教练王非、教练员张斌进行交流，还专门看了王非的一堂训练课。王非到美国进修过一年，掌握了一些先进的东西，从他身上可以得到很多启发，也能学到一些东西。我认为，永安男篮如果再不寻求新的变化，将很难与其他强队抗衡。九运会结束后，我坚定了改革创新的决心，从“以内为主，内外结合”改为“以外为主，内外结合”。不过我最担心的还是队员的体能，因为我们这支队伍年龄老化现象非常严重，像大彬（巩晓彬）、大纪（纪敏尚）和小鞠（鞠维松）都已是三十多岁的老队员了，新的战术要求对他们来说是一个严峻的考验和挑战。不过刘铁、小鞠和外援达柳斯的速度都很快，我们队具备打快攻的实力。

二、新人难挑大梁

问：九运会上，几名小将表现不俗，新的赛季他们能不能得到重用？

答：八运会上，我推出了成志明和刘震两位新人。在接下来的 CBA 联赛上，两位年轻队员的表现非常出色，为全队带来朝气和希望。在那个赛季，我们获得了第三名。九运会上，几名年轻队员的表现值得肯定。不过他们要在 CBA 赛场上挑起大梁，还欠火候，每个人都有很多不足之处。

曲绍华在场上拼劲很足，防守说得过去，可是他投篮的技术还不过硬。高杰身高还可以，不过他的爆发力不强，投篮出手的那一刹那自信心不强，动作也慢。身高 2.05 米的孙忠诚，外围进攻能力不错，可是他一旦打到篮下时就暴露出技术功底不扎实的缺点。另外一名年轻队员吕晓明因准备打甲 B，这次没有给他报名。

问：新赛季，篮球运动管理中心允许每个队可以有三名外援，你是如何对现有的三名立陶宛籍外援进行配对和搭档的？

答：虽然我们现在有三名外援，但是每场比赛只能允许报两人，这需要我们在平时训练中多演练几套阵容和打法。三名外援各有特点，对于如何进行最佳组合，真正地发挥出每一个外援的作用，我现在很矛盾，还需要不断地摸索。

三、一句话让四川男篮降级

2003年，叶鹏将山东男篮的帅印交给了大弟子巩晓彬，他担任总经理，全力协助大彬工作。前些年，叶鹏正式从山东队退了下来，曾经受聘四川男篮和青岛男篮担任顾问。

我跟随山东男篮采访多年，与叶鹏建立了融洽的关系。印象最深的一次采访是他告诉我山东男篮与四川男篮比赛时，对方在时间上做了手脚，我的一篇报道让四川男篮降了级。

事情的经过是这样的。那是1997年的一场篮球职业联赛（CBA），山东男篮主场作战。比赛结束后，按照惯例，各路记者要采访时任山东男篮主教练叶鹏，请他点评这场比赛。叶鹏的开场白没有直接评价比赛，而是爆出了上一轮山东男篮做客成都与四川男篮比赛，组委会在比赛时间上做了手脚。

由于比赛场上争夺激烈，当时山东队教练组没有发现其中的猫腻。最终山东男篮输了，四川男篮如愿以偿，赢得胜利。

比赛后第二天，山东男篮回到济南。四川队内部一位教练给叶鹏打电话，告诉他这场比赛的时间有问题，让叶鹏重新看一下比赛录像。

叶鹏看了比赛录像后，发现果然如此。他认为四川男篮很不道德。叶鹏把这个丑闻告诉我和在场的几位记者，之后对那场比赛进行了简单总结。

我回到办公室后，认为叶鹏说的四川男篮改表这件事是一个大新闻，当场比赛的点评无足轻重，于是我重点写了这个消息。当时还没有互联网，晚上我的稿件被国内十几家晚报的值班编辑要过去。

济南的几位篮球记者中只有我发表了这一条消息，其他记者只字没提。稿件刊发后，引起强烈反响。中国篮协高度重视，对此事件进行了调查。

调查结果属实，中国篮协对四川男篮给予降级处罚——从甲 A 联赛降级到甲 B 联赛。接下来四川男篮一直在甲 B 联赛中游荡，直到 2013 年 CBA 扩军才重新升上来。

还有一件事，我记忆犹新。有一次出差时我从中牵线，让外援图科（麦克·图科）认叶鹏为“干爸爸”，叶鹏非常高兴，当场收下这个美国的“干儿子”。

图科当时伸出手，问干爸要“money”。叶鹏哈哈大笑，说：“只要你好好打球，money 不是问题。”

叶鹏还鼓励图科：“巩导（巩晓彬）不在，你就是老大。”

山东男篮后来又引进了一名外援艾米特（安德鲁·艾米特）。图科喊叶鹏叫“爸爸”，艾米特也跟着叫，叶鹏又爽快地答应了。

我让另一名外援斯威夫特（斯特罗迈尔·斯威夫特）也叫叶鹏“爸爸”，他当着外人不好意思叫。叶鹏说：“没关系，他回去就叫了。”

叶鹏有抽烟的习惯，图科和艾米特两个“干儿子”看到后发出抗议。图科每次看到叶鹏抽烟，就伸手要钱，对“干爸”不健康的行为进行罚款。

叶鹏对“干儿子”很关照，与图科的感情尤其深。图科在山东队退役后，叶鹏邀请他做助理教练，全力辅佐巩晓彬的工作。

叶鹏还有一个习惯：喜欢逛市场。球队打客场时，我经常陪他逛早市，用他的话说，这样可以更好地了解当地的风俗民情。

巩晓彬：
山东篮球的标杆

山东高速重新入主山东男篮，教练班子大换血，名帅巩晓彬递交辞呈，他昔日的队友徐长锁接过帅印，中国篮坛名宿宫鲁鸣担任总教练。

从 2003 年开始担任山东男篮主帅到执教青岛，再到重掌山东男篮帅印，巩晓彬以主教练身份在山东篮坛辛勤耕耘了近 18 个春秋，为山东篮球事业做出了突出贡献。

2009 年巩晓彬率山东全运队夺得银牌，创造山东全运历史。2020—2021 赛季，山东男篮在遭遇欠薪的困难条件下，巩晓彬带队杀进前四名。

2008 年北京奥运会上，笔者与中国男篮教练巩晓彬在五棵松体育馆中国队比赛现场留影

这让我想起了他刚做主教练那年，我第一次对他进行独家专访。当年的巩晓彬还是一位少帅，没有任何执教经验；如今的巩晓彬是 CBA 赛场上一名“老帅”，经验丰富，带队有方。

2003年6月9日，巩晓彬出任山东金斯顿男篮主教练已有十多天了，做教练有什么感受？球队近来的训练情况怎么样？下一个阶段又有什么打算？带着球迷关心的问题，我赶到山东体育学院篮球训练馆，对他进行了采访。

一、做教练后操心的事多了

从球员到教练的角色转变需要一个适应过程。谈到这一问题，巩晓彬表示，他已经逐渐进入角色，这些天来最大的感受就是做教练操心的事太多了："当球员很单纯，除了训练就是比赛，业余时间还能出去会会朋友。如今做了教练，每天考虑的问题很多，白天要带好训练课，业余时间还要制订训练计划。晚上我睡得很晚，躺在床上还在琢磨着第二天的训练计划。每天还要写训练日记，加强与队员之间的沟通，队伍管理、引援计划等。这一切对我来说都是新东西。"

二、队内气氛好，训练热情高涨

巩晓彬告诉我，目前队内气氛不错，队员的训练热情很高涨。现在每天两练，主要是体能恢复和技战术训练，每周一、三、五还要到力量房进行专门的力量训练。尽管天气很热，但队员都能按照要求，完成训练任务。纪敏尚、鞠维松等几名老队员，在训练场上以身作则；刚从二队调上来的六名年轻队员侯冰、赵永刚、王刚、孙杰、陈晓东和魏志也不甘示弱。

巩晓彬还表示，他对目前队员的精神面貌和训练态度感到满意。

三、新老交替需要一个过程

巩晓彬从恩师叶鹏手中接过山东男篮帅印，大家对他最大的期待是尽快完成新老交替。

新赛季是靠年轻队员打天下，还是以新老结合为主？对此，巩晓彬明确回答道：“我肯定仍然采取新老结合的阵容迎战联赛，如果换了其他教练也会这样做，因为这是我们这支球队面临的现实。年轻队员在技术方面没有什么问题，可是他们没有打过成人比赛，比赛打顺了还行，一旦打得不顺，很难控制住局面，关键时候还需要老队员顶一顶。也许有人会认为我这样做有些保守，可我也是无奈之举，我总不能拿山东男篮的前途当儿戏吧？如果完全起用年轻队员，球队一旦降了级，这个责任谁也负不起。山东男篮属于全省人民，如果真的降级了，再打上来就难了，谁也不好向家乡父老交代。”

巩晓彬对球队的现状有着清醒的认识：“新老交替是一个老问题。叶导（叶鹏）带队时不是不想完成这个任务，而是他没法完成，因为没有合适的人能顶上来。现在队伍仍然存在这个问题，完成新老交替需要循序渐进，年轻队员的成长同样需要一个过程。试想，如果有身体条件和水平很不错的年轻队员，哪个教练也不会放着不用。我个人认为，年轻队员还需要老队员带一带，如果比赛全部换成清一色的年轻队员，冒着降级的风险就会得不偿失。再说，目前我们的年轻队员的确还不具备独当一面的水平和能力。老队员是队内的一笔财富，年轻队员还需要学习他们大赛的经验。”

对于未来规划，巩晓彬表示：“我要从队伍长远发展考虑，对队伍调整不能一刀切。任何一支运动队都需要有一个合适的年龄梯队，遗憾的是山东男篮这几年在某些年龄段上出现了断层，这也是新老交替始终没能完成的一个重要原因。不过我强调一点，对我来说，队内没有年老和年轻之分，派谁上场是根据每个队员平时的训练状态和战术需要，对每个人来说机会都是均等的。”

四、山东篮球标杆地位无人超越

巩晓彬18年的教练生涯，没有离开山东这片沃土。除了长期执掌山东男篮之外，他于2015年开始执教青岛男篮三个赛季。因为难舍母队的情结，与青岛队合同到期后，他于2018年回到山东男篮，先是主抓青训，第二年担任球队总经理和主教练。

巩晓彬是山东体育的一面旗帜。他出生于篮球世家，父母当年分别效力山东男、女篮，父亲巩宜彭还担任过山东男篮主教练。

巩晓彬的专业是篮球，但他走上体育这条路是从足球开始的。1983年，巩晓彬加入山东少年足球队，与唐晓程、郭侃峰等都是队友。当时他身高达到了1.9米多，可以说是中国足坛最高的中锋。正是在山东少年队三年的磨炼，练就了他灵活的步伐和良好的身体素质。

1986年，巩晓彬的身高达到2米。山东篮球队教练说服了巩晓彬的父母，把他选到山东青年男篮。第二年他荣升一队，很快在全国比赛中崭露头角，表现出良好的篮球天赋。

1989年，年仅20岁的巩晓彬入选中国男篮，在国家队一待就是十几年。他参加了亚锦赛、亚运会、世锦赛和亚特兰大奥运会等重大赛事，屡立战功，成为亚洲最佳二中锋。尤其在1994年的世锦赛和1996年亚特兰大奥运会上，他与队友顽强拼搏，两个赛事均获得第八名，创造了中国男篮在世界大赛上的最佳战绩。

巩晓彬最难忘的一场比赛是在1998年曼谷亚运会上，中国男篮与韩国队的冠军争夺赛。他的头部被对手撞伤，队医给他缠上绷带后，他轻伤不下火线。作为队长的巩晓彬在场上拼出了血性，这种精神感染了全队，最后他率队夺得冠军。时任山东省体育局局长于学田当时坐在看台上，被他的拼搏精神所感动。后来在多个场合，于学田表扬巩晓彬，并号召山东运动员向他学习。

做球员时，巩晓彬是叶鹏手下的一张王牌。他与纪敏尚配合形成的“双塔”战术，所向无敌，令对手防不胜防。

1998年，作为队长的巩晓彬带领山东队勇夺1997—1998赛季全国男篮甲A联赛季军，创下山东男篮历史最好成绩。他个人获得“得分王”和“最有价值球员”称号。

做球员时，巩晓彬获得的荣誉很多，在山东篮坛至今无人能够超越。

1999年，巩晓彬入选“新中国篮球运动员50杰”，这是中国篮球人获得的最高荣誉。

巩晓彬打球的特点是动作潇洒，很飘逸，有“逍遥王”的美称。

无论做球员还是当教练，巩晓彬与球迷、媒体的关系都很融洽。在他看来，作为球员在场上必须玩命，不能辜负球迷的希望。他也常说，没有球迷和社会各界的支持，就没有他的今天。巩晓彬与媒体也建立了良好的关系，在他看来，篮球运动需要媒体宣传。平时他非常体谅和支持记者的工作。

前些年，我经常跟队到客场比赛，巩晓彬对我们几个跟队记者非常照顾。我们与球队同行，同吃同住，真正感受到与球队是一个集体。这一点令足球记者羡慕不已。

五、最难忘北京奥运会

2008 年奥运会火炬传递在济南举行，巩晓彬担任第一棒，这是对一名队员最高的奖赏。

北京奥运会上，巩晓彬入选中国男篮教练组，协助主教练尤纳斯（尤纳斯·卡兹劳斯卡斯）参加了所有比赛。

巩晓彬在篮球圈内有着广泛的人脉。他有一个幸福的家庭，妻子王晓芳在东方航空公司工作，他们有两个儿子。他俩结婚那年，我和报社老领导崔齐东总编辑应邀参加他们的结婚盛典，崔总代表报社送上了礼物和美好的祝福。

巩晓彬对足球情有独钟，对泰山队的比赛以及世界杯赛非常关注，与泰山队的李霄鹏和郭侃峰等队员关系很好。他评球也非常专业，那些年我经常邀请他评球。

王东宁：
绿茵场上的“常青树”

王东宁在山东乃至中国足坛都赫赫有名，在绿茵场上有“常青树”之称。他是典型的山东大汉，人高马大，身体素质非常好，具有欧洲球员般强壮的体魄。他的技术非常全面，除了守门员这个位置没有踢过之外，他在场上能胜任前锋、中场和后卫等多个位置。

20 世纪 80 年代初，王东宁在国家二队和国家队担任前锋，与马林组成“双高”组合。在山东队，王东宁主要出任“箭头”；后来到了泰山队，他经常司职拖后中卫和后防“大闸”，可以说“一夫当关，万夫莫开”。

王东宁常说，他的纪录恐怕很少有人能够打破。

首先是国内足坛能踢到他这个年龄的球员很少。1998 年，王东宁从青岛海牛队退役，那年他 37 岁——绝对是真实年龄，没改一岁。王东宁还有一个纪录就是山东队员中在国家队效力时间最长的，他三进三出，前前后后一共待了十多年。

1984 年，王东宁作为国家二队队长，带领球队夺得在日本神户进行的世界大学生运动会的铜牌。

1994 年，王东宁还帮助中国队夺得广岛亚运会银牌，这是他最后一次代表国家队出战，那年他 33 岁，如此高龄的球员被征召到国家队，当时不少人觉得不可思议，甚至坚决反对。

时任德国籍主教练施拉普纳（克劳斯·施拉普纳）看了王东宁的一场比赛后，说中国能有一个与欧洲球员身体条件一样出众的队员令他吃惊。后来，担任国家队顾问的施拉普纳向戚务生指导力荐了他。

王东宁在山东足球史上还创造了一个纪录——他是第一个转会到其他俱乐部的球员。

1993年七运会之后，王东宁加盟香港愉园队，在香港踢了半年职业比赛；1994年首届甲A联赛，他回到刚刚成立的泰山队，踢了半个赛季；接下来，他跟着在国家队时的恩师胡之刚先后转会到深圳队和上海豫园队，最后加盟青岛海牛队，直到1998年退役。

王东宁说，他在哪个队都做大哥，与小兄弟们的私交非常好。李霄鹏、刘越那批队员比他小十几岁，但与他处得非常好。在王东宁看来，大哥不是什么人都能当的，必须让小兄弟服你，不仅球技要人家服你，做人方面也要有大哥的样子。

王东宁还有一个纪录恐怕很难被打破：他代表山东队连续参加了1981年上海四运会、1987年广东六运会和1993年北京七运会。

王东宁最难忘的是七运会，他迎来足球生涯的第二个高峰。在七运会上，王东宁作为中后卫，常常从后场断球助攻到前场，还能自己破门得分，北京队奇快的前锋谢峰也追不上他。

如今虽然王东宁淡出“足球江湖”20多年，可是每次提到他，不少人都赞不绝口，“常青树”“足球大闸”“足球老大”，这些都是球迷和媒体送给他的称谓。

近年来，王东宁的名字只在每年的老甲A联赛中见诸报端——作为老青岛海牛队的教练兼队员，他带领自己的老队友征战一年一度的老甲A联赛。

1998 年，王东宁从青岛海牛队宣布退役，结束了 20 多年的绿茵生涯，最后把家安在青岛，开始在商海搏击。现在，王东宁移居上海。

作为山东足球的标志性人物，为什么选择经商？王东宁说，一次偶然的机会让他在商界一待就是这么多年。

王东宁的一个朋友在日本，让王东宁负责自己公司一个产品（胶带）的销售，主要用于运动创伤。王东宁踢了这么多年球，在国家队前前后后十多年，在体育界建立了广泛的人脉关系，体操王子李宁、中国羽毛球队前总教练李永波等名人都是他的好朋友。正是在朋友的帮助下，王东宁的生意做得不错，产品销路很好，效益非常可观。

经商的日子王东宁过得很充实，也很成功。在他看来，经商与踢球一样，需要下功夫；做人也很重要，不能两眼盯着钱袋子，有好处应该大家都有份儿，双赢或者多赢才对。

这些年来，王东宁一直坚守这个原则，朋友愿意帮他，客户更愿意与他打交道。

王东宁说，干任何事情，不能一锤子买卖，否则很难做强、做大。

体坛观澜

大江东去，浪淘尽，千古风流人物。体坛风云变幻，青春气贯长虹，勇锐盖过怯弱，进取压倒苟安。观体坛故事，看百态人生。

曹学成：
一位山东老体育人的体育强省追求

2017 年，笔者与曹学成在天津十三运会赛场

从 2009 年第十一届全运会到 2021 年第十四届全运会，山东竞技体育实现全运会金牌榜“四连冠”，是当之无愧的竞技体育强省。

但是在第七届全运会之前，山东竞技体育成绩不佳，排在全国中下游，这和其人口大省、经济大省的地位不匹配。直到 1997 年的上海八运会，山东省才首次进入全运会奖牌榜前三。带领山东竞技体育实现这一重大突破的是一位可敬的老体育人，他就是时任山东省体委主任曹学成。

1992 年 8 月，省委决定，时任省委办公厅副主任曹学成调任山东省体委主任。对于这个任命，曹学成感受到了巨大的压力。虽然自己热爱体育，但毕竟是外行，真正去管理体育事业，他没有任何的心理准备。

怀着忐忑的心情，曹学成接受了任命。他说，既然组织上相信他，他一定尽最大努力干好。

曹学成上任后做的第一件事，是用了40多天的时间学习、研究业务，深入基层了解情况，到训练和科研单位座谈交流，与教练员、运动员交心、交友，认真听取他们的意见和建议。将调研成果汇总后，曹学成心中有了底气。在随后召开的全省体育系统会议上，他表明了把山东体育事业搞上去的决心和信心。同时，他厘清了工作思路，确定了山东体育“123”发展规划，即瞄准一个目标、划分两个战略阶段、打好三大攻坚战。

一个目标：将山东建成体育强省。两个战略阶段：一是拼搏四年，奋起直追，把山东建成体育大省；二是经过不懈努力，实现从体育大省到体育强省的跨越。三大攻坚战：竞技体育、科技兴体、体育改革。曹学成还积极争取，请省委常委会专门听取、研究了一次省体委工作汇报。这次会议效果很好。省委常委会对省体委确定的“123”工作规划给予充分肯定和大力支持，帮助解决了发展中的一些实际困难和问题；并明确要求，各级党委要加强对体育工作的领导，党委要明确一位副书记分管体育工作，这为我省体育工作营造了良好的工作环境。

曹学成上任后的第一个大赛是1993年七运会。尽管曹学成刚担任省体委主任不久，无法在短期内改变山东体育的综合实力，但他还是想让比赛成绩好一些。只是七运会开局的情况很不理想，开赛七天，山东没有拿到一块金牌，这让曹学成备感压力。在第八天的男子50公里竞走比赛中，山东选手李明才进入赛场后喊着要破纪录。曹学成害怕李明才一旦领到一张红牌就会被取消比赛资格，他提醒李明才，别急着破纪录，先拿到这枚金牌再说。最终，李明才夺得男子50公里竞走冠军。这场比赛，曹学成在现场陪李明才走了20多公里。到达终点后，两人紧紧拥抱，泪流满面。

接下来的八运会备战周期，曹学成开始全方位地改革。在训练体制改革方面，一是调整项目布局，增加参赛项目，完善内部机构，设立竞技处和综合处。二是进行投入与产出挂钩的财务制度改革。训练单位和教练员签署军令状，比赛成绩直接与经费投入和工资挂钩，实行效益投资，讲求投入产出效应。三是改善训练条件和居住条件，建造科研楼、宿舍、训练场所，让运动员和教练员集中精力刻苦训练，解除后顾之忧。曹学成要求一定要关爱运动员，既要严格训练、严格管理，又要当好“保姆”，保证运动员有良好的状态、充足的营养。他明确要求，要让运动员吃上可口的营养训练餐，还要确保一天吃上两个香蕉、一个苹果，晚上训练的话还要加餐。另外，高度重视运动员的康复理疗工作，从国外请来了专业康复师。

对于运动员，曹学成始终将他们放在心上。他当时在全国第一次提出这样一个观点：运动员不仅四肢发达，而且头脑复杂，运动员拥有高智商和高情商，如果他们把双商用在文化学习上，绝对是优等生。对于教练员，曹学成同样极为看重。他认为没有顶级教练就没有顶尖运动员，要想出成绩，教练是关键，所以提出科技训练先训教练，彻底改变“师父带徒弟”的传统模式。

曹学成尤为重视县级体育部门和各级体校的建设。1992年全省机构改革时，省里原来的方案是把县级体育局和教育局（文化局）合并，他多次找省委、省政府主要领导和相关部门做工作，最终争取到人口超过80万的县以及全国体育先进县保留体育局。同时明确提出“得体校者得天下”的口号，将地级市体校升格为正县级，让体校建设免受影响。

曹学成认为竞技体育是一个系统工程，一个大周期是12年，中周期

8年，小周期4年。县级体校承担选才加工任务，对运动员进行基本知识和基本技能训练；市级体校要完成细加工，肩负提高运动员身体素质和技战术训练的任务；到了省队，就要进行精加工，承担全运会的任务，个别项目必须到国家队热处理，加加火。

备战八运会的过程中，曹学成提出了在科技训练中“三水三命”的理念。“三水”就是汗水、泪水和血水；“三命”指的是拼命、玩命、不要命，即领导干部要“拼命”、教练员要“玩命”、运动员要成绩“不要命”。正是这种理念，为我省体育营造了“迎战八运会，打好翻身仗”的氛围，教练员、运动员、管理者加班加点成为常态。

曹学成常说，必须“让鲜花开在大年初一”，大年三十没到年，大年初二过完年，只有大年初一开花最有价值。他希望山东体育健儿厚积薄发，在关键时刻发挥出最高水平。在八运会上，果真如曹学成所愿，山东体育的原定目标是“保八争六”，最终获得第三，首次进入全运会金牌榜前三，取得历史性重大突破。

八运会上让曹学成印象最深、记忆犹新的当属压轴的足球决赛。比赛前，他到上海电台录制节目，动员在上海的山东老乡当好啦啦队，给山东队加油鼓劲。最终，山东队在一边倒的呐喊声中击败广东队，拿到两枚金牌（八运会足球项目冠军按两枚金牌计数），以优异的成绩回报了球迷的支持。

让曹学成感触最深的是，要做好竞技体育事业，必须对体育事业动真情，全身心地投入，忘我地工作；对运动员要“爱兵如子”；要有敢打敢拼、永远争第一的激情；要有一颗大心脏，经得起成绩如同过山车般地折腾。

八运会上，山东体育扬眉吐气，省委、省政府派专机到上海迎接山东体育健儿凯旋，主要领导率领十几个部门、几十个单位的相关负责人在机场举行了隆重的欢迎仪式。

省政府计划给曹学成记一等功，涨一级工资，结果被曹学成婉拒。他坚定地表示，工作是大家一起干出来的，应该给党组记集体一等功，他本人不需要涨一级工资，最后省政府同意给省体委记集体一等功，还进行了通令嘉奖。

曹学成在任期间，曾以山东省体委主任的身份出现在1996年的亚特兰大奥运会上。在那届奥运会上，山东选手因为多方面原因，没能实现山东奥运金牌零的突破，这也成了曹学成心中永远的遗憾。

回忆起1996年的比赛，曹学成记忆犹新。“毕文静的高低杠十分完美，现场裁判把冠军给了霍尔金娜（斯维特拉娜·霍尔金娜）后，全场观众嘘声一片。当时担任国家体委主任的伍绍祖接到了国家领导人的电话，要求中国代表团向组委会提出申诉。后来，我在多个场合说毕文静是‘金牌水平，银牌待遇’。”

1997年12月，曹学成调任潍坊市委书记，但他依然支持体育事业的发展：承办省运会；积极做工作，协调山东电力集团公司建成全国最大、水平最高的足球学校和乒乓球学校，为全国培养、输送大批的优秀运动员和体育骨干。

我与曹学成是忘年交，每逢CBA联赛山东男篮主场比赛，我都能在赛场见到这位可敬的老人。他会热情地和我打招呼，并亲切询问我的工作和生活情况。

当山东男篮在上半场打得不顺的时候，我常常陪曹学成在中场休息时到休息室，他先是鼓励队员在下半场放开手脚，打出山东人的气势和霸气，之后针对战术上存在的问题对教练组和队员进行点拨。主教练巩晓彬和每个队员都认真聆听曹学成的谆谆教导，从内心里感激他多年来对队伍的关怀。

我陪老人家一起见证和分享了天津全运会上山东青年女篮夺冠的幸福

时刻。夺冠后，曹学成鼓励队员一定要再接再厉，胸有大志，刻苦训练，担当重任，早日成为山东篮球和中国篮球的栋梁之材。

曹学成从省人大领导的岗位上退下来之后，担任全国老年人体育协会副主席、山东省老年体育协会主席，致力于全民健身运动的普及和推广，为全省老年人的体育健康事业努力奔波，确立了老年体协“四位一体”的工作思路和工作格局，为老年人提供体育健身、文化娱乐、旅游交流、养生保健服务。

曹学成积极倡导推行文体养老，走康养结合的路子。曹学成说，人到老年往往有“三怕”：怕孤独寂寞、怕大病重病、怕失去尊严。所以，老年人必须走出来、动起来、学起来、乐起来，这样才能度过健康幸福的晚年，不给子女添麻烦，不给社会增加负担。

曹学成解释说，“走出来”就是走出家门，融入社会；“动起来”就是积极参加文体健身活动；“学起来”就是学习有益身心健康的知识；“乐起来”就是保持良好的心态，开心快乐地过每一天。他认为，人到老年，一定要保持身心健康，做到老有所为，这样才能“自己不受罪，家庭不受累，节省医药费，奉献全社会”。

对于老年体协的宗旨，曹学成制定了“四送一增”的工作方向，即送健康、送快乐、送幸福、送尊严和增长寿。

曹学成精神矍铄，身体很棒，这得益于他常年坚持体育锻炼。除了对篮球情有独钟外，他还坚持打网球和打太极拳。

曹学成现在最大的心愿就是在全省普及老年人太极拳。在他看来，太极拳老少皆宜，集健身、健心和健脑于一体，尤其适合老年人。让曹学成深感欣慰的是，在山东省老年体协历经数年坚持不懈的努力下，老年太极拳运动在全省开展得轰轰烈烈、如火如荼，其普及面之广、参与人数之多，均为全国之最，而且打造了东岳太极拳、六艺太极拳等具有齐鲁文化特色的品牌。

曹学成说，山东实现由人口大省到体育大省、体育强省的跨越，离不开几代人的努力。他非常感谢于学田、张洪涛、张松林和李政这四任局长，他们相当不容易，实现了长江后浪推前浪。

于学田：
把十一运会带到了家门口

于学田（右）与亚足联秘书长维拉潘合影

我认识于学田已有三十多年，最初他在临沂地委担任组织部部长。世界就是这么奇妙，后来我俩为了山东体育产生了更多交集。

1997年，于学田被任命为山东省体委（今山东省体育局）主任，我与他打交道就多了起来。那些年，我经常到省体育局采访，他给了我很多帮助。

记得2003年的一天，于学田破例让我旁听了省体育局党组会。我在会上得知济南体育公园（今奥体中心）将落户济南东部，在《济南时报》上刊发了这条独家新闻，被新华社作为通稿对外发布。

还有一次，我参加山东省足协换届会议，于学田在会上无意中透露，山东将申办第十一届全运会，我便又获取了一条重磅信息。

于学田在任期间，与山东媒体保持了非常好的关系。每逢全运会，省体育局都会参与组建山东新闻记者采访团，为各家媒体的记者提供各种方便。

于学田还要求省体育记者协会举行乒乓球、羽毛球等各种体育活动，丰富山东体育记者的业余生活。于学田在山东媒体圈中口碑很好，用他的话说，记者朋友都是一家人，都是为了山东体育事业而努力。

于学田在任期间，指挥了两届全运会、两届亚运会和两届奥运会“六大战役”。其中，九运会和十运会，山东代表团的金牌数和奖牌数稳居第一集团。

于学田最引以为豪的是悉尼奥运会和雅典奥运会。2000 年悉尼奥运会上，林伟宁和邢傲伟分获女子举重金牌和男子体操团体金牌，实现了山东奥运会金牌零的突破，也圆了山东几代体育人的奥运金牌梦想。

2004 年雅典奥运会上，山东选手夺得四枚金牌，每枚金牌的含金量都很高。其中，杜丽夺得的女子 10 米气步枪金牌，是那届奥运会的首金，也是中国代表团的第一枚金牌，大大鼓舞了中国代表团的士气。

在女子 75 公斤以上级比赛中，唐功红在最后一把举起了 182.5 公斤的杠铃，成功逆转，战胜韩国名将张美兰，夺得金牌，同时打破挺举和总成绩两项世界纪录。

赛后，我在第一时间拨通了于学田的手机。他向我透露，唐功红是凭借顽强的意志拼下这枚金牌的。前五把，唐功红的总成绩落后对手 10 公斤，最后一把必须举起 182.5 公斤的杠铃才能确保金牌。可是在平时的训练中，唐功红从来没有举过这个重量，她心里没有把握。教练马文辉就此问题请示于学田，于学田表示，要一把银牌也不如一块金牌。他这句铿锵有力的话，大大鼓舞了马文辉。马文辉便对唐功红说：“已经没有退路了，必须再拼一把，拿下这枚金牌。”最后一把，唐功红有如神助，她一声怒吼，成功举起杠铃。看台上的于学田热泪盈眶，他被唐功红为国争光的拼劲所感动。

虽说奥运会重在参与，但在于学田看来，到了国际赛场就是要拿冠军，不仅要升国旗、奏国歌，还要扬国威。

于学田担任山东省体育局局长 8 年零 3 个月，他的成绩有目共睹，山东的竞技体育、群众体育成果均在全国名列前茅。对他来说，他对山东体育的最大贡献是带领山东省体育局党组成功申办十一运会。

2009 年，山东成功举办第十一届全运会，济南有幸成为主赛区，开幕式和闭幕式在济南奥体中心举行。这是新中国成立以来山东承办的规格最高的综合运动会。

十一运会能够落户山东，我们不能忘记于学田在申办过程中付出的艰辛努力。

目前，这位在中国体坛有着“功勋局长”之称、为山东体育事业实现跨越式发展做出突出贡献的昔日“山东体育领头人”已经退休多年，但他仍然对山东体育事业关心备至，他多次向我讲述十一运会申办过程中的幕后故事。

一、九运会时条件不成熟，十运会后万事已俱备

为什么山东对全运会的申办如此热情高涨和迫切？于学田说，这是全省上下各界人士多年的期盼和愿望。

“省委、省政府提出要求，借十一运会承办的契机，加快和推动我省城市化的建设进程，进一步展示山东 30 年来改革开放取得的重大成就。能成功承办一届全国运动会，是山东省社会各界，尤其是体育系统广大干部职工多年的期盼和愿望。山东省是经济大省、人口大省、体育大省，要

实现由体育大省到体育强省的跨越，必须承办一次全运会。这些年来，山东省的竞技体育取得了长足进步和发展：第八届、第九届全运会实现突破，我省金牌总数位居前列；第 13 届曼谷亚运会和第 14 届釜山亚运会，我省运动员均夺得 20 枚金牌，为中国体育称霸亚洲做出突出贡献。”

第 27 届悉尼奥运会上，林伟宁和邢傲伟夺得金牌，实现山东奥运金牌零的突破；第 28 届雅典奥运会上，山东体育健儿乘风破浪，杜丽、唐功红、邢慧娜等夺得 4 枚金牌，创 5 项世界纪录，实现新跨越；鲁能泰山足球队是中国足球职业化以来第一支获得“双冠王”的球队，其在 2004 年又夺得“双杯王”。

于学田当时和我说，新中国成立以来，山东省运动员共有 42 人、81 次获得 62 项世界冠军；42 人、82 次破 49 项世界纪录；获得奥运冠军 6 个，亚运会冠军 73 个，全运会冠军 142 个，是名副其实的体育大省。我省的群众体育发展在全国名列前茅，有全国体育先进县 66 个，总数位居全国第一。这一切成为我们申办十一运会的优势和基础。可是我省的体育场馆发展与广东、江苏、浙江、上海、北京等省、市相比还很落后，与我省经济大省和体育大省的地位不匹配。当时体育局党组承诺，一定要把十一运会申办下来，不辜负省委、省政府领导的重托和全省人民的殷切期望。

于学田告诉我，九运会后，山东曾准备申办十运会，后来分析条件不成熟，又把申办报告撤了回来。“当时我们与江苏、浙江、辽宁等省相比，的确不具有申办优势——特别是江苏省，各方面条件都比较优越。十运会后，山东省的申办条件已经成熟，尤其是经济发展进入又好又快的良性轨道，成为我们申办成功的坚实基础。”

二、申办工作非常复杂，领导成为坚强后盾

于学田说，申办工作是一项复杂和系统的工作，当时他感觉压力非常大，如果申办不成功，就是他工作失职。他向省委、省政府主要领导立下军令状，表示一定会申办成功。

“在申办工程中，省领导身体力行，将申办工作列为全省的一项重要工作，这是申办最终成功的决定因素。当时，省委和省政府的两个‘一把手’亲自给时任国家体育局局长袁伟民写信，还利用在北京开会的那段时间多次拜会袁伟民，表达了山东申办十一运会的决心。2005 年全国两会期间，我专程到国务院向分管领导汇报申办工作。”

三、申办竞争十分激烈，竞争对手纷纷退出

于学田说，虽然最后只剩下山东一家申办，但是在这之前，竞争非常激烈，山东率先把工作做在了前面。

“我详细研究了江苏省体育局在申办十运会前的一系列准备工作，深感投入人力、物力、精力太大。有一天晚上，我突然想到了一个办法。我先以我个人名义向各省、市体育局局长汇报我省申办全运会的决心和情况，然后请各省、市体育局局长题一句话的祝办词，再让淄博陶瓷厂烧了定制盘子，把各位局长的头像和题词都印在上面。接下来，我把 23 位局长的题词写入申办报告，等汇编成册，发至全国各省（自治区、直辖市）体育局和国家体育局等单位领导。”

“我亲自到各有关申办省、市做工作，先后到了浙江、湖北和陕西，名义上是考察学习，实际上是向他们表达我们申办十一运会的迫切心情和决心。最后，这几个准备申办的省份放弃了与我们竞争。后来北京市也准

备申办，他们提出让全国人民到北京参观奥运场馆。我与当时担任北京市体育局局长的孙康林私交比较好。我对他说，北京将承办奥运会，又承办了好多届全运会，还是给我们一次机会吧。我还跟孙康林开玩笑说，北京办奥运会已经够忙的了，还是别与我们争了。后来，北京打消了申办的念头，我们只剩下最后一个对手——辽宁。”

“辽宁与江苏一起竞争过十运会的申办，最后没有成功。辽宁是名副其实的体育强省，为中国体育事业做出了很大的贡献。经过权衡利弊，辽宁在申办期的最后一天下午 5 点退出，最后只有我们山东一家申办。”

于学田坦言，这次山东成功申办全运会表面上是因为只有山东一家申办，其实是因为山东把工作做在了前面，除了山东经济、社会事业又好又快地发展和省、市领导高度重视外，也离不开几代山东体育人多年的扎实工作。

“应该说，是我们山东人的诚心打动了各省、市体育局局长和国家体育局领导，因为他们看到了我们承办的决心和信心，以及山东方面具备的得天独厚的条件和实力。我事先到有关申办省、市做工作，效果非常好。我感谢兄弟省、市和国家体育局领导多年来对山东体育事业和我本人工作的关心和支持。”

于学田感叹道，他担任山东省体育局局长 8 年零 3 个月，最令他欣慰的就是带领体育局党组成功申办了第十一届全运会。十一运会在山东举行，为山东省体育事业的发展，为全省的政治、经济、文化、社会事业的发展，特别是城市建设的发展，提供了强大的动力，产生了重大而深远的影响。

李政：
奥运创历史，全运“四连冠”

在我的体育记者生涯中，无论是走南闯北采访职业赛事，还是策马出征报道大型综合性运动会，身为山东人，我总是被同行竖大拇哥。

即使我离开采访一线，仍有圈内好友在各项大赛期间向我表达“山东体育了不起”的夸赞。

不得不说，作为山东体育从崛起到巅峰的波澜壮阔的历史的见证者，我们所有深爱着山东体育事业的人都感到无比骄傲、自豪。这其中，自然包括山东省体育局现任局长李政。他是一位出色的执行者。

我认识李政近30年，见证了他从一名文科研究生成长为山东体育“掌门人”，带领山东体育一路超越、一路攀登的全过程。

每每与我聊起自己的职业生涯，李政都谦恭地表示，自己是“幸运者”，因为他和他的“战友们”站在了前人的肩膀上。正是几代山东体育人的持续努力，才实现了山东竞技体育一次次凯歌高奏。

时间回到2000年悉尼奥运会，举重选手林伟宁和体操运动员邢傲伟分别夺得冠军，实现了山东奥运金牌零的突破。李政当时担任省体育局办公室主任，是山东体育系统内一名年富力强的中层干部。而我，由于热爱山东体育、报道山东体育，自然和他结下了友谊之缘。

在后来的交往中，我了解到，1993年，山东省体委办公室需要一名写材料的文书，经过综合考虑，便把李政从山东社科院调了过来。李政从华东师范大学哲学系硕士毕业后被分配到山东社科院，他最初的理想是在社科研究方面取得一番成就。大学期间，李政酷爱体育，是一个体育迷，而且还是学校中长跑队队员；工作后，他仍然对体育一往情深，能到体育系统工作是他的愿望。

因为这次偶然的机会，李政踏入新的领域。进入山东省体委后，他主要承担文字工作，随着对体育业务的熟悉、了解，他逐渐成为省体委的“一支笔”。那段时间，省体委的重要材料大多出自他的笔下。

李政长年从事文字工作，深入山东省各个运动队和地市的体育系统调研，越来越熟悉山东体育。用时任山东省体委主任曹学成的话说，李政对体育的认识和洞察非常敏锐，有独到的见解。

1997年，在上海八运会上，李政领略了山东体育健儿扬威上海滩的荣光时刻。山东代表团名列金牌榜第三，跻身第一方阵，实现历史性突破。李政对那届全运会的印象特别深刻，他感受到了全运会在全省人民心中的分量和对山东体育事业的重要意义。

1998年，于学田担任山东省体育局局长。他多次和我讲，刚到省体育局的时候，他对体育系统的工作不熟悉，李政是他的好帮手、好参谋，在工作中敢于提出自己的意见，敢于讲真话。

2002年，李政被提拔为山东省体育局副局长，是体育局领导班子成员中最年轻的。2005年，组织选派他到美国学习培训，这让他进一步开拓了视野。

后来，李政先后与张洪涛、张松林两任局长搭班子。我当时几乎每周都会去体育局采访，在谈到李政时，大家普遍评价他勤奋敬业、勤于思考、

2008 年，李政在北京奥运会赛场（图片由本人提供）

认真负责、做人正派、顾全大局。

2009 年，山东成功地承办了一届无与伦比的全运会，在赛事组织、媒体接待、安保等方面赢得四海宾朋的广泛赞誉。作为东道主，山东代表团第一次坐上金牌榜榜首的位置。在四年后的辽宁第十二届全运会上，山东代表团令人信服地再次稳居金牌榜第一。

张松林常与我谈起他的好搭档，他评价李政是一个多面手，从科员到办公室副主任、主任，再到副局长、局长，在省体育局多个岗位历练过。辽宁全运会期间，李政协助张松林分管竞技体育，对业务更加熟悉和了解，对运动训练的理解和把握更加深入，工作能力不断提升，为后来担任“一把手”奠定了坚实基础。

2017 年至今，李政作为省体育局局长，指挥工作游刃有余，带领山东体育不负重托、不辱使命：在天津十三运会上，山东代表团夺得 58 枚金牌、44 枚银牌、49 枚铜牌，实现金牌榜“三连冠”；在陕西十四运会上，山东代表团夺得 58 金、55 银、47 铜共 160 枚奖牌，蝉联全运金牌、奖牌榜第一，成就“四连冠”。

更为突出的是，山东运动员在国际舞台上同样光彩耀眼。在 2020 年东京奥运会上，山东奥运健儿夺得 7 枚金牌，金牌数位列全国第一，创造了山东选手奥运会参赛史上的最佳战绩。

在举世瞩目的北京冬奥会上，山东冰雪健儿历史上首次登上冬奥大舞台，5 名运动员入选中国体育代表团。李文龙夺得短道速滑男子 1000 米银牌，实现了山东运动员参加冬奥会奖牌零的突破。

东京奥运会的 7 金突破，足以让山东体育人铭记终生。这不仅是量的突破，更是质的飞跃。山东选手在击剑、游泳、乒乓球、射击、田径、皮划艇 6 个大项上全面飘红，夺金项目数量超过了此前夺金项目最多的伦敦奥运会中的 4 个大项。另外，山东选手夺金的含金量显著提升，在游泳和射击两个项目的比赛中打破世界纪录和奥运会纪录，在皮划艇项目比赛中创造中国选手奥运最佳成绩。同时，填补了多项中国奥运金牌的空白：孙一文夺得第一个击剑重剑项目个人奥运冠军，杨浚瑄夺得第一枚游泳接力项目奥运金牌（女子 4×200 米自由泳接力），刘诗颖夺得第一个田径标枪奥运冠军，孙梦雅夺得第一枚女子皮划艇奥运金牌（女子 500 米双人划艇）。

孙一文说，她最感激的人就是李政。据她介绍，出征东京奥运会之前，李政到青岛基地看望她，就说了一句话："孙一文，你要敢想！"孙一文说："李政局长一下子点醒了我。敢想，就是敢于设定更高的目标——拿下东京奥运女子重剑金牌，获得这个中国竞技体育从来没有获得过的荣耀。其实李局长看到了我内心深处欠缺的东西，找到了我的命门——我孙一文为什么不能拿到个人冠军？！"

2021 年，李政在东京奥运会赛场（图片由本人提供）

虽然辽宁全运会后我退出了采访一线，但我时刻心系山东体育，一直与李政保持联系。

东京奥运会期间，李政作为副秘书长，参与中国代表团的工作。其间，前方的媒体伙伴时常给我传回他穿梭于赛场，为奥运健儿加油鼓劲、做服务保障的照片。看到这些照片后，我心潮澎湃，并第一时间与朋友分享，为中国体育的荣耀时刻感到骄傲和自豪。

我的同事孟祥祎与我分享了一件小事，让我感同身受。

山东注册记者前往东京前，李政特意安排了一个媒体座谈会，给5名记者送行。在会上，他要求体育局相关部门一定给各媒体的前、后方采访提供最大程度的便利，全程、全力做好服务工作。

李政主动和5名注册记者加微信，他说："现在东京疫情很严重，感谢你们逆风而行，为山东体育鼓与呼。你们到了东京后一定做好防护，遇到任何困难第一时间跟我说，我会尽全力协调。不要忘记，我们是一家人！"这番话让记者们感受到浓浓的暖意。

回国后的隔离期间，李政又安排专人给记者们打去慰问电话，表达感谢。后来，孟祥祎多次给我说，在东京奥运赛场上，大家经常看到李政的身影。每次见面，他都会从包里掏出口罩等防疫物品和东京奥运会徽章等小纪念品送给山东记者。

我和李政年龄相仿，走上体育之路的背景也有相似之处。1993年，李政从山东社科院调到山东省体委；1995年年底，我弃医从文，加盟济南时报团队从事体育新闻采访工作。从严格意义上说，我俩都不是专业体育人士，但是都把体育当作毕生的事业，拥有共同的爱好。因为体育，我们走到一起，建立起纯真的友谊。

有一次我们两人交谈，我历数采访过的体育名人和国际体育界官员，李政向我伸出大拇指，说：“兴步啊，虽然你不是学新闻的，但是没有你采访不到的。”

我常对李政说，我从医生转型为记者，最大的原因是对体育的热爱。同样，我从李政身上也感受到他对山东体育事业深沉的爱和不懈的追求。因为热爱，所以执着；因为热爱，所以坚守！

山东电视台体育休闲频道总监郑晋，我俩并肩战斗采访过许多大赛，他对李政非常熟悉。在郑晋眼里，李政是一个很特别的人。“虽然李政局长平常不苟言笑，看似有点冷，但是他心里很热，总是装着别人，喜欢成人之美。在我看来，他不仅是一位带领山东体育续写辉煌、敢做敢当的领导和带头人，更是一个热爱个人事业的有血有肉的朋友、兄长和前辈，是一个朴实无华却又有温度的体育‘当家人’。”

时光荏苒，岁月如梭。当年初入体育圈的青年才俊李政，如今已在山东体育系统辛勤耕耘三十个年头，担任局长五个春秋。在他的带领下，山东体育在竞技体育方面持续走在全国前列，成为名副其实的竞技体育强省。

山东体育连续创造历史，取得佳绩，在李政看来，这是国家体育总局和省委、省政府正确领导的结果；是广大体育健儿牢记“使命在肩、奋斗有我”，刻苦训练、顽强拼搏的结果；是全省几代体育工作者团结拼搏、扎实苦干的结果。

乘着东京奥运会、陕西全运会以及北京冬奥会的劲风，山东体育迈向新的征程，提出“抓亚运、促奥运、带全运”发展战略。李政又要忙碌起来了。作为老朋友，我祝福他，祝福山东体育！

乔云萍：
两个弟子圆了奥运冠军梦

第49届世乒赛团体赛于2008年2月23日在广州开幕，不少山东乒乓球爱好者非常关注济南姑娘李晓霞能否在比赛中有突出表现，进而获得北京奥运会参赛资格。当时，有一个人的心情最为复杂，她就是李晓霞的恩师、前世界冠军乔云萍。

时光回到1996年亚特兰大奥运会。乔云萍与另外一位山东妹子刘伟在那届奥运会上与金牌失之交臂，差一点实现山东奥运金牌零的突破。多少年后，还有不少人替她俩惋惜。

2012年8月，笔者与乔云萍在伦敦奥运会乒乓球比赛现场

对乔云萍来说，世锦赛冠军和世界杯冠军她都拿过，唯独没能拿到奥运冠军，这成了她永远的遗憾。

做了教练之后，乔云萍把希望寄托在弟子李晓霞身上，并渴望在北京奥运会上，晓霞能帮自己圆了奥运冠军梦。

那些年乔云萍是一个大忙人，因为她既是省乒乓球管理中心主任，又兼任省乒乓球队总教练，还是中国乒乓球队奥运顾问团成员。

2008 年 2 月 21 日下午，我来到山东体育学院东校区乒乓球训练馆，总算把她“逮住”。乔云萍当年是山东乒乓球运动的带头人，她待人平易近人，没有一点名人架子。

从当年参加亚特兰大奥运会的感受，到备战北京奥运会的情况，乔云萍向我娓娓道来。

一、亚特兰大的遗憾已成如烟往事

当时，我与乔云萍谈了很多，先从 1996 年亚特兰大奥运会女双决赛开始。

时间已经过去 12 个年头，再提起那场比赛，乔云萍淡淡地表示：“时间太长了吧，细节早就忘了。”

虽然话这样说，但其实她对那场比赛一直没有忘记。

“我和刘伟本来完全可以 3 比 0 拿下比赛，可惜最后被邓亚萍和乔红 3 比 1 翻盘了。第一局我俩顺利拿下。打到第二局，我俩曾以 18 比 13 和 20 比 13 领先，手握 7 个局点，随便赢一个，形势就会变得非常有利。如果这局能拿下，我们就能总比分 2 比 0 领先，比赛就很好打了。然而邓亚萍和乔红有如神助，连扳 7 分。其中，乔红在接发球时打出了两个擦边球，使她们的情况‘起死回生’。第三局打到 18 比 12 的关键时刻，轮到我接发球，看台上不知哪位山东老乡喊了一声我的名字，就这一嗓子，导致我一板抢空……最终我们遭遇逆转。”

这场比赛后来被有的媒体列为奥运乒乓球历史上震撼人心的十大逆转之一。

乔云萍回忆起那场比赛，虽然带着遗憾的口气，但表情却很平静。

“都过去这么多年了，反正那块金牌没有记到其他国家代表团的账下。”

我问她输球后的反应，乔云萍说：“我和刘伟谁也没有埋怨谁，也都没有流泪。不过回到宾馆后我失眠了，后悔没能把握住机会，也许这就是命中注定吧！”

说起与刘伟的关系，乔云萍表示，她与刘伟的关系一直不错。

“我与刘伟的性格的确不同，她好胜，追求完美，心也很细。我俩从省队到国家队，长期在一起打球，也住在一个屋，可以说相互非常了解，情如亲姐妹。在球场上，我俩确实不像其他队员那样时常悄悄嘀咕一下，或者商量一下对策，因为我俩认为根本没有必要在比赛场上再商讨战术。打了这么多年球，如何处理和应对，每个人心中都有数，更不存在配合问题。外界猜测我俩性格不合、关系不好，其实没有任何根据。”

乔云萍为刘伟退役后取得的成绩而高兴：“我俩都是吃乒乓球这碗饭的，退役后选择的目标也差不多，都是先到大学读书，然后做教练和管理工作。不同的是刘伟上了北大，我是到上海念的大学。”

二、推掉高薪聘请只因难舍乡情

亚特兰大奥运会之后，乔云萍远赴德国打球，1998 年她宣布退役。当时，德国一家俱乐部开出了 50 万元（人民币）年薪，希望她留下来担任教练，韩国队和中国香港队也向她发出了执教邀请。

退役后究竟如何选择，乔云萍很犹豫，时任山东省体育局局长于学田三次邀请，终于把她召回山东。

从那以后，乔云萍扎根齐鲁大地，开始了第二次创业。

于学田在他所著的《见证八年》一书中，首次披露了他如何把乔云萍成功召回的内幕。

于学田先是找乔云萍谈话："云萍，你今天取得的成功，源于父母养育了你，更是祖国把你培养成了世界冠军。如今正处于低谷的山东乒乓球事业需要你，你不该回来吗？"

于学田又带乔云萍分别到滨州和东营观摩比赛，现场球迷对她的到来报以热烈掌声。于学田抓住山东球迷如此喜爱乔云萍这一点，再次向乔云萍发起心理上的攻势。

东胜集团的领导当场向乔云萍承诺，只要她回山东做主教练，该集团每年赞助山东乒乓球队 80 万元。

乔云萍被于学田等领导和山东球迷的诚心所打动，最终谢绝了德国等地的高薪聘请，毅然回到山东拾起教鞭，开始了人生的新阶段，并逐渐走上乒乓球事业的管理岗位。

回想起这段历史，乔云萍感慨万分："我的事业在山东，感谢领导和社会各界对我的支持和关怀。"

出任山东乒乓球队教练时，乔云萍向于学田表示，不要半成品，要先从培养孩子做起。

"刚组队时我的弟子们都是小队员，我手把手教他们，几乎整天待在乒乓球馆。我患有低血压，训练中几次晕倒，但因为喜欢这些孩子，最后我坚持下来了。"

一分耕耘，一分收获。乔云萍带的这批队员开始在国内比赛中崭露头角，取得不俗的战绩。

2005年江苏十运会，乔云萍带领李晓霞、彭陆洋和姜华君夺得女团亚军，李晓霞和彭陆洋获得女双金牌。之后，李晓霞又作为国家队的一员夺得世乒赛团体冠军和女单亚军。

三、晓霞和陈梦相继圆梦奥运

乔云萍手下的弟子很多，但让她操心最多和最引以为傲的当属李晓霞。

乔云萍说，她已经把李晓霞培养成世界冠军，下一个目标就是希望她能站到奥运冠军的领奖台上，但是中国乒乓球内部竞争非常激烈，李晓霞能不能入选奥运阵容，现在还很难说。

“中国乒乓球队实力摆在那儿，北京奥运会女团冠军非中国队莫属。王楠和李晓霞各有各的优势：王楠是一位久经沙场的老将，近来状态不错，她能坚持到现在很不容易；李晓霞年轻，技术上有一定优势，但表现不够稳定，能否搭上奥运班车，就看她的造化了。李晓霞毕竟只有20岁，即使今年参加不了奥运会，以后也还有很多机会。我参加奥运会的时候已经28岁，李晓霞至少还能参加两届吧。不管谁拿冠军，只要是中国选手拿，我都高兴——当然，如果李晓霞能拿，我更高兴。山东乒乓球选手的奥运冠军梦是一定要圆的，但不一定是在北京奥运会上。”

在广州举行的世乒赛团体赛，李晓霞和王楠均入选团体阵容。李晓霞在此次比赛上的表现很有可能左右她未来的命运。

乔云萍放心不下自己的得意弟子，她于2008年2月22日下午飞赴广州，为弟子助威。

“在中国近百个乒乓球世界冠军中，李晓霞排在倒数第二位，她未来的路还很漫长。”乔云萍对爱徒寄予厚望，李晓霞即使入选不了奥运阵容，她也会以中国乒乓球队顾问团成员的身份参加北京奥运会。全国一盘棋嘛，不管谁拿冠军，只要是中国选手拿，乔云萍都高兴。

2008年北京奥运会，李晓霞没能入选奥运阵容，乔云萍鼓励她不要气馁，在伦敦奥运会上一定能够大展身手。

四年后的伦敦奥运会，李晓霞成为名副其实的“中国女乒一姐”，不仅夺得单打冠军，实现济南奥运金牌零的突破，还带领队友夺得女团冠军，终于圆了乔云萍的奥运冠军梦想。

当时我在现场，陪着乔云萍观看了李晓霞和丁宁的决赛。

那场比赛，乔云萍非常看好李晓霞。在她看来，无论是实力、经验还是竞技状态，李晓霞都达到了最佳。

比赛中，乔云萍曾对我说，一看李晓霞的眼神放光，就知道她能拿下比赛。

李晓霞表现神勇，没给丁宁机会，最终站上奥运冠军领奖台，成就了自己大满贯的梦想。

乔云萍在看台上挥舞着五星红旗，分享弟子夺冠的快乐。

让乔云萍自豪的是，九年之后，也就是在2021年东京奥运会上，她的另外一个得意弟子陈梦夺得女单和女团两枚金牌。

天道酬勤。乔云萍退役后拿起教鞭，潜心从事教练工作20多个年头，培养了两位奥运冠军，堪称奇迹，必将载入中国体育和山东体育的史册。

尹霄：
他与三个大满贯弟子

说到我和尹霄的交情，不得不提到他的一个弟子——现任鲁能乒乓球男队主教练郭刻厉。

郭刻厉是原泰山足球队队员郭侃峰的弟弟，我与郭侃峰是老朋友，而郭刻厉又在国家队与孔令辉、刘国梁和刘国正共同师从尹霄。

1999 年 8 月，报社派我到荷兰采访世界乒乓球锦标赛，尹霄是中国男队主教练，从那时起，我与尹霄成了好朋友。

记得有一场男单比赛，郭刻厉对阵一名希腊选手，尹霄坐在指挥席上，我坐在他旁边。郭刻厉每打出一个好球，我就使劲鼓掌并喊道："郭刻厉，好球！郭刻厉，加油！"担任那场比赛的裁判是一位 70 多岁的法国老人，他突然叫停比赛，说我干扰比赛，要把我赶到看台上。

我跑到场馆的另一个角落，可那位老裁判不依不饶，一直追着我，直到我坐上了观众席，比赛才重新开始。

后来，尹霄对我说，记者是不允许坐在教练席上的，如果我不大声喊，裁判还以为我是教练，不会赶我走。

2001 年，尹霄辞去国家队主教练的职务，到鲁能泰山乒乓球队执教。从此，我与他见面的机会就多了起来。

尹霄喜欢安静，最大的爱好是下围棋。围棋课是济南二十七中的特色，远近闻名。有一年，二十七中的张校长看到我写的有关尹霄的报道，得知他围棋下得不错，便请我帮忙，邀请他到学校指导工作，尹霄爽快地答应。

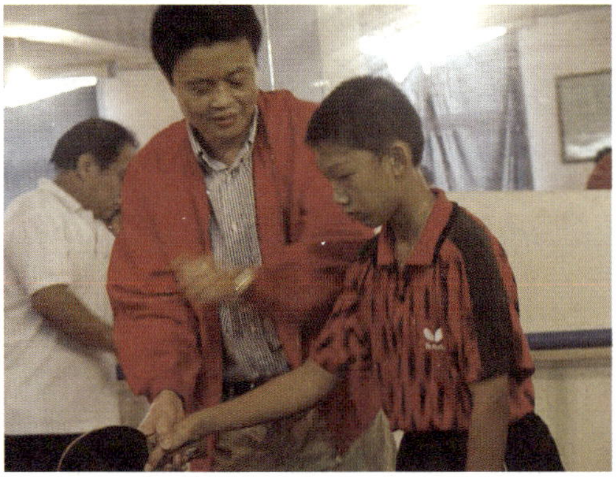

尹霄在济南二十七中指导小队员打球

我陪尹霄来到二十七中，他先是到训练馆指导乒乓球队员，手把手纠正队员的动作，并愉快地接过张校长聘任他为名誉总教练的证书。

之后，尹霄与一位小棋手对弈，其他老师和同学在一边观战。收官阶段，尹霄占据优势，本来能赢下来，可他故意出了一个败着，最后输给小棋手。

张校长伸出大拇指，连连称赞尹霄是大家。他故意输给小棋手，是为了增强孩子的自信心。对这位小棋手来说，能与奥运冠军的教练下棋，最后获胜，是莫大的幸福，也大大增强了自信心。

尹霄带小队员多年，最了解孩子的心理，在他看来，运动员从小建立自信心非常重要。他经常谈起最得意的三个弟子——刘国梁、孔令辉和张继科的成长故事，三个弟子都很争气，先后实现了大满贯。

一、当年刘国梁偷偷改打法，幸亏没同意

在刘国梁和孔令辉的成长过程中，尹霄付出了很多心血，他带这两位徒弟长达 12 年。1989 年亚洲少年锦标赛，尹霄第一次带领一帮小队员参加国际大赛，队员打得不好，中国队全军覆没，男单比赛只有冯喆一人进了八强。

那次比赛后，不少人认为直板打法没多大希望，国家队不少选手改了打法，刘国梁没有与尹霄商量，也偷偷换成横拍。

第二天尹霄在队里宣布：刘国梁继续打直板。刘国梁那时年龄小，对尹霄的决定很不理解，他有一点绝望和困惑。

尹霄对此一清二楚，他耐心地告诉刘国梁："改不改打法是徐主任（徐寅生）他们研究了很久才决定的。对中国乒乓球队来说，各种打法都应该有，不能说改就全都改了。你的头脑比较灵活，球路凶、变化快，非常适合打直板。再说，不管什么打法，只要打得好、打出水平，就能拿世界冠军。"

听了尹霄的一番教导，刘国梁从 1990 年开始苦练直板加横打技术，可是在训练之初却屡遭败绩。于是刘国梁又没跟尹霄商量，偷偷地把打法改了回去，战绩有所回升。

后来这事被尹霄知道了，他把刘国梁狠批了一顿。刘国梁又重新改回直板，成绩进步很快，他在 1992 年 6 月的中国公开赛中一鸣惊人，把不可一世的瓦尔德内尔"斩于马下"。

刘国梁于 2003 年正式挂拍，接了恩师尹霄的班，担任中国乒乓球男队主教练，先后带领中国男子乒乓球队参加 2004 年雅典奥运会、2008 年北京奥运会、2012 年伦敦奥运会、2016 年里约奥运会和 2020 年东京奥运会，并连续在 2008 至 2020 四届奥运会上，率中国男乒乓队蝉联男子单打和团体冠军。刘国梁还培养了两位大满贯冠军——张继科和马龙。

刘国梁从冠军队员到冠军教头华丽转身，尹霄为他高兴。

二、与队员情同父子，曾熊哭刘国梁孔令辉

尹霄带刘国梁和孔令辉 12 年，三人情同父子。尹霄不但教他俩打球，把他们培养成大满贯冠军，而且在做人方面对他俩更是严格要求。

在对待做人问题上，尹霄认为“正人先正己”，只有教练正派，队员才能正派，尹霄在为人处事上的一举一动都影响着刘国梁和孔令辉。

1990 年，刘国梁和孔令辉第一次跟尹霄到朝鲜比赛，比赛打得不好，尹霄有些不高兴。吃晚饭的时候，尹霄多喝了一点酒，把孔令辉和刘国梁狠狠地训斥了一通，对他俩在比赛中不求上进的做法非常生气。

那个时候，尹霄刚带刘国梁和孔令辉，他把全部精力用在两人身上。那一年，尹霄的儿子出生不久，他几乎没有时间照顾妻子和孩子。刘国梁和孔令辉很聪明，明白尹霄为什么多喝了一点酒，心里也很惭愧，当时两人流下了自责的眼泪。

尹霄带刘国梁和孔令辉多年，两位弟子与他在一起的时间超过了与父母在一起的时间，可以说三人在情感上如同父子。

三、张继科夺得大满贯后兑现诺言

2001 年，尹霄离开国家队，来到刚成立的鲁能乒乓球俱乐部担任总教练。上任伊始，他就到全国各地选拔苗子。

刚来山东时，尹霄曾对时任山东省体育局局长于学田发誓，一定要为山东培养出一到两个“刘国梁”或“孔令辉”。可是半年以后，因国家队备战雅典奥运会，乒羽管理中心重新召尹霄回北京，担任男队教练组长。

2004 年，尹霄又回到了鲁能俱乐部。关于为什么重返鲁能俱乐部执教，尹霄对我说，山东只出了两个世界冠军，一个是刘伟，另一个是乔云萍，男队员还没有拿过一次世界冠军。他的愿望是能为山东培养一到两名世界冠军，不过必须从孩子抓起。

尹霄还说，他喜欢带小孩，如果能为山东培养出一两个世界冠军，尤其男子世界冠军，改写一下山东乒乓球历史，将是一件很有意义的事情。

尹霄重回鲁能俱乐部后，发现俱乐部比以前更规范，选材面和点也多了。俱乐部在潍坊和青岛建了两个基地，尹霄一下子选了 10 多个条件不错的小队员，计划在他们当中培养出世界冠军。

1998 年，山东乒乓球队主教练谷青成最早发现了张继科，认为他将来一定能成大器。2001 年尹霄到了鲁能俱乐部之后，张继科的父亲把儿子推荐给了尹霄，尹霄认为张继科具备世界冠军潜质，便开始下功夫培养他。

十年磨一剑，张继科在 2011 年鹿特丹世乒赛、2011 年巴黎世界杯、2012 年伦敦奥运会中，都站上了男子单打的最高领奖台，成为继刘国梁和孔令辉之后中国男乒第三位大满贯冠军，实现了恩师尹霄到山东时许下的诺言。

2012 年张继科奥运夺冠的那场比赛，我就在现场。男单决赛时，他战胜队友王浩实现了奥运冠军的梦想。赛后，我第一时间给尹霄打电话，向他表示祝贺。

前几年，尹霄离开了鲁能乒乓球俱乐部，受聘于山东魏桥俱乐部任总教练。2021 年 10 月 13 日晚，他带领山东魏桥男乒夺得 2021 赛季乒超联赛冠军。

罗格：
为山东全运会助力

2021年8月30日，国际奥委会公布了一则令人心痛的消息，国际奥委会前主席罗格去世，享年79岁。

我与罗格有过几次交集，尤其是北京奥运会和山东全运会的两次采访，令我记忆犹新。

罗格对2008年北京奥运会开幕式给予很高的评价。“一届真正的无与伦比的奥运会。”这是在北京奥运会闭幕式上他给这届盛会做出的评价，“通过这届奥运会，世界更加了解了中国，中国也更加了解了世界。”

罗格说：“显而易见的是，中国已经把奥运会的标准提得非常高了，所以这对伦敦来说是极大的挑战，对伦敦以后的奥运会来说也是极大的挑战。”

我也采访过四年后的伦敦奥运会，那届奥运会在赛事组织、媒体接待等各方面与北京奥运会都不可同日而语。用罗格的话说，北京奥运会成为标杆，以后其他承办城市很难超越。

时光回到2009年10月16日那个难忘的夜晚，第十一届全运会在济南奥体中心隆重开幕，主席台上最尊贵的嘉宾就是国际奥委会主席罗格。

那一次，罗格偕夫人参加第十一届全运会开幕式，为开幕式增色不少，也让我在2008年北京奥运会上对他发出的邀请变成现实。

2008年北京奥运会期间，我几次见到罗格，很想近距离采访一下他，并与他合影，不过他享受国家元首待遇，安保级别很高，贴身警卫不允许任何人靠近他。

直到8月24日上午，我参加国际奥委会举行的最后一次新闻发布会，总算实现了现场提问罗格的愿望。

罗格首先对北京奥运会进行了总结，之后轮到记者提问。当时我坐在第一排，那场发布会上，在场的中国记者只有一位新华社的同行和我很幸运地获得了提问机会，国际奥委会新闻官把大部分提问机会都给了外国同行。

我这样问罗格："罗格主席，我是中国山东的记者。明年10月，中华人民共和国第十一届运动会将在山东省举行，我们真诚地欢迎您到山东出席开幕式，您是否有这个计划？"

罗格停顿了片刻，回答道："我现在还没有考虑这个问题，因为还不知道明年那个时候我是不是有时间和其他安排。"

一年之后，中国奥委会向罗格发出隆重邀请。这一次，他欣然答应了。

开幕式前一天下午，罗格与夫人一起飞到济南。当晚，时任中国奥委会主席、国家体育总局局长刘鹏会见了罗格。

罗格对中国方面给予的热情款待表示感谢，并转达了奥林匹克大家庭对本届全运会胜利召开的祝贺。

罗格说，中国体育在世界上处于领先地位，不仅在世界各大赛事中获得众多金牌，而且非常重视青少年教育和群众体育的发展。这是他第三次来中国出席全运会，相信北京奥运会产生的影响一定会非常深远地延续下去。

那次山东之行，罗格的日程排得很满。全运会开幕式当天上午，他先到山东工艺美术学院参观了第七届中国体育美术展览，为展览题词，并在展览开幕式上致辞。

罗格说，体育美术作品展突出体现了奥林匹克文化的核心内容，即体育与文化的结合。举办体育美术作品展，对从体育中获得灵感的艺术家和参观者都具有重要的教育意义。

罗格很崇尚中国的儒家文化，对孔子非常敬仰。当天下午，他与夫人专门去了一趟曲阜，参观孔府和孔庙。晚上，罗格与夫人回到济南后出席了十一运会开幕式。

罗格观看完十一运会的开幕式后，对中国的办赛能力又有了新的感受和评价，对深厚的齐鲁文化也有了进一步了解。

山东成功承办了一届无与伦比的全运会，载入了中国全运会史册。

罗格与山东还有很多缘分。2004 年雅典奥运会上，山东姑娘杜丽夺得女子 10 米气步枪金牌，那是中国代表团在那届奥运会上的首枚金牌，也是雅典奥运会的首枚金牌。罗格亲自为杜丽颁奖，这是他就任国际奥委会主席后颁发的首枚奥运会金牌，他颁给了中国运动员。

北京申办 2022 年冬奥会期间，罗格也曾送上祝福和支持，并提到了北京夏季奥运会的成功经验。

2022 年北京冬奥会成功举行，北京成为第一个“双奥之城”，只可惜罗格无法亲临现场观看这场盛会了……

维拉潘：
盛赞亚洲杯济南赛区

2004年，笔者在亚洲杯赛期间采访亚足联秘书长维拉潘

2006年11月23日，在亚足联执委会上，71岁的亚足联秘书长维拉潘宣布退休，我对这位足球老人感到由衷的敬佩。

过去十几年多次采访这位足球老人的情形让我难以忘怀，维拉潘与济南、与济南时报有着深厚的交情。

我与维拉潘的相识要追溯到1997年12月，那一年，我到广州采访亚洲女足锦标赛。

12月13日，我赶到亚足联下榻的饭店拜见亚足联副主席张吉龙，请他帮忙联系采访维拉潘。因为我与张吉龙是老乡关系，龙哥非常热情地把我引荐给维拉潘，并向他介绍《济南时报》是新创刊的报纸，在济南影响很大，尤其是足球报道很有权威性，也很有特色，每天开辟多个版面报道足球赛事，深受球迷喜爱。

维拉潘听到“足球”两个字显得格外兴奋，很爽快地满足了我的采访请求。从亚洲足坛格局到中国足球未来的出路，维拉潘谈了很多。

维拉潘还亲自为《济南时报》题词，希望济南的球迷朋友永远支持中国足球，为中国足球早日冲出亚洲贡献力量。

最后，我与维拉潘和张吉龙合影留念，这张合影照片收藏在《济南日报》创刊五十周年的纪念画册中。

一、2002 年釜山亚运会，我陪维拉潘看比赛

2002 年 9 月，我到韩国釜山采访第 14 届亚运会。10 月 8 日，我在女足赛场上见到了维拉潘。

让我惊奇的是，维拉潘的记忆力非常好，他微笑着用英语与我打招呼，说“JINAN TIMES（济南时报）”。我非常感动。以前经常听张吉龙说起，维拉潘的记忆力在亚足联无人能比，几乎是过目不忘——看来果然如此。

我坐在主席台上陪他一起观看了越南与日本、中国与朝鲜的比赛。维拉潘很同情弱队，他特别赞扬越南队在场上那种顽强拼搏的精神。临别的时候，维拉潘与我相约中国亚洲杯：“再过两年，中国将承办亚洲杯赛，济南是四个赛区之一，到那时我们会再见面的。”

二、2004 年三次到济南，把时报特刊带到亚足联

2004 年亚洲杯赛，维拉潘曾三次到济南考察，我有幸对他进行了全程采访。

7 月 19 日，我见到维拉潘，请他对济南赛区和济南这座城市做一个评价。

维拉潘赞不绝口："济南是一座非常美丽的城市，济南人民热情好客、热爱足球，济南的足球基础不错。"

维拉潘用了"无可挑剔"四个字对济南赛区给予充分肯定，他认为济南赛区各方面的组织工作是四个赛区中最出色的。维拉潘还说，当初亚足联应该把决赛放在济南，因为济南的球市非常好，上座率最高。

那一天，维拉潘还抽空到鲁能泰山俱乐部考察，我特意把《济南时报》推出的《亚洲杯观战指南》送给他。维拉潘认真翻阅，对这份特刊给予了很高的评价："这是我到中国之后见到的第一本亚洲杯特刊，内容翔实，非常有纪念意义。我要把它带回马来西亚，存放到亚足联博物馆。"

三、各国媒体见面会，为济南伸张正义

2004年8月7日，我到北京采访亚洲杯中国与日本的决赛。

比赛当天中午，亚足联举行各国媒体记者见面会，一位日本记者无端指责济南赛区，声称济南赛区管理混乱，对外国记者很不友好。我当场据理力争，对日本记者予以驳斥。维拉潘面带微笑地为济南赛区说了公道话，他对现场的各国记者称赞济南赛区非常出色，认为这位日本记者对济南产生了误解。

我强烈要求那位日本记者当着维拉潘和亚足联主席哈曼以及各国记者的面，向济南赛区赔礼道歉。最后那位日本记者通过亚足联新闻官当场表示歉意，并对我连说"对不起"，称自己误解了济南赛区。

会议结束后，我走上主席台，向维拉潘和哈曼表示感谢。维拉潘拍着我的肩膀，笑着伸出了大拇指，称赞"济南很棒"。最后，我与维拉潘、哈曼合影留念。

四、堪称足坛传奇，对中国足球帮助很大

维拉潘堪称足坛传奇。他学识渊博，早年曾到英国和加拿大留学。年轻时，维拉潘参加过很多足球比赛，后来成为足球教练。

1963 年，维拉潘出任马来西亚足协副秘书长，一干就是 17 年。这期间，他还担任过马来西亚国家队和马来西亚青年队的领队和教练，带领马来西亚队取得奥运会参赛资格，并率马来西亚青年队荣获过亚洲青年锦标赛亚军。

1977 年，维拉潘成为亚足联秘书长，为亚洲足球的发展做出了突出的贡献。他每年出访 60 多个国家，在国际足坛有“出色的专业人士”及“足球外交专家”之誉。

30 年峥嵘岁月，维拉潘完全献身于发展马来西亚足球、亚洲足球和世界足球的事业中，把亚足联由最初只有一间办公室发展成为拥有 46 个会员单位的庞大洲际体育组织。

我多次听张吉龙说，维拉潘是他非常好的朋友和同事，两人工作配合默契，彼此之间相互支持。

“是维拉潘引导我走上了亚洲足球和世界足球的大舞台，他对我帮助很大，我很感谢他。”与维拉潘搭档多年的张吉龙对自己这位老战友的退休表示了不舍之情。

维拉潘在任期间，多次到中国访问，对中国足球事业帮助很大，可是中国足球让他爱恨交加。尽管中国足球屡屡不争气，伤了维拉潘的心，但他对中国足球一直寄予厚望。

维拉潘已经淡出亚洲足坛多年，我与他见面的机会越来越少，但我不会忘记他对亚洲足球、中国足球做出的贡献。

2018年10月20日，从马来西亚传来一个不幸的消息，维拉潘去世，享年83岁。愿天堂中还有足球，祝愿这位可敬的足球老人继续享受足球带给他的快乐。

陈忠和：
从女排陪练到金牌教头

2006 年，笔者在北仑世界女排大奖赛期间采访中国女排主教练陈忠和

我认识陈忠和是在 1998 年。当时，他作为郎平的助手带领中国女排来济南参加一个活动，活动结束后，我随中国女排乘坐中巴回宾馆，打算采访郎平。在中巴车上，我发现一个中年男子坐在最后一排，一言不发，但他脸上始终挂着微笑，显得很和善。

我于是就凑了过去，问他贵姓。他很和善地告诉我，他叫陈忠和，还给我留下了电话。那是我第一次与陈忠和近距离接触。

从那以后，我开始留意和关注陈忠和。

后来，郎平辞去中国女排主教练职务，陈忠和于 2001 年 3 月从胡进的手中接过了教鞭，于是我更加关注他执掌的那一届中国女排。

2002 年 9 月，陈忠和率中国女排姑娘到德国参加世界女排锦标赛，这是他上任后第一次参加重大国际比赛。

中国女排在9月3日的第一阶段小组赛中以0比3输给希腊队，避开了众多欧美强队；在9月8日的第二阶段小组赛中又以0比3输给韩国队，避开了自己不愿意遭遇的意大利队。

国家体育总局严厉批评中国女排，认为“代表团和教练组犯下了锦标主义的错误，违背了体育道德、违背了体育精神、违背了公平竞争的原则”。最终，中国女排获得第四名。陈忠和成为媒体口诛笔伐的“罪人”，他和排球管理中心主任徐利分别发了致球迷的公开道歉信。

陈忠和是一条汉子，他承认自己的错误，但坚决不提“下课”。接下来的釜山亚运会将决定他的前途和命运，陈忠和也向国家体育总局立了军令状，如果拿不了冠军，他就主动“下课”。

在中国代表团到达釜山后的第一次媒体通气会上，一位副团长再一次谈到“女排让球事件”，把陈忠和与国家队开除王治郅扯到了一起。

亚运会排球比赛前半程，我没有到现场。10月12日，女排决赛中国队再次对阵韩国，我赶到赛场，为陈忠和和女排姑娘加油。

我举着五星红旗坐在韩国观众群中，尽情地为中国女排姑娘呐喊。那场比赛，我发现陈忠和一身轻松。前两局中国队打得非常顺手，他很悠闲地坐在教练席上；第三局和第四局场上局势紧张起来，陈忠和虽然站起来几次，向场上队员交代着什么，但脸上始终挂着微笑，非常坦然的样子。他知道中国女排实力摆在那里，他也明白，经历了世锦赛打击的中国女排姑娘不会再栽跟头了。

中国女排如愿以偿地战胜韩国队成功卫冕。陈忠和与队员挨个儿击掌相庆，之后一人躲到卫生间抽起烟来。我也来到了卫生间，这时的陈忠和收起了笑脸，感叹这个冠军来之不易，因为无论是他还是女排姑娘，都顶着世界锦标赛“让球风波”的巨大压力。

谈到中国队第三局失利的原因，陈忠和认为关键是队员求胜心切，很想以 3 比 0 尽快结束战斗。由于世锦赛没有打好，大家都憋了一股劲，希望这次亚运会每场比赛都能以 3 比 0 拿下。两位主攻——杨昊和张越红发挥有波动，起伏比较大，应变能力不好，机会球的处理和判断没有解决好，加上韩国队的韧劲儿上来了，第三局就被对手压住了。

不过他对队员们这次的表现感到满意，尤其是觉得进攻不错。下一步，中国女排最需要解决的就是主攻的稳定性问题。目前队内还缺乏一名真正的核心队员，冯坤与领军人物还有一定差距。陈忠和再一次表示，赛前他很看重这次亚运会，也感到压力很大，毕竟是综合运动会，国家很重视。中国女排接下来的目标就是力争在 2004 年雅典奥运会上进入前四，或者夺得奖牌。

对于中国女排取胜的秘诀，陈忠和开口闭口只说“拼搏”两个字。他说：“‘拼搏’是我们自小就习惯了的女排精神，我们要拼搏。”

这看起来是一句套话，但对于陈忠和——一个和王治郅一起被国家体育总局点名批评的特殊人物而言，能把这句“套话”铭记于心，却走过了一段异常艰辛的历程。领悟了也罢、害怕了也罢，至少陈忠和明白“拼搏”对于中国女排的意义，也明白那届亚运会上我们需要的不仅仅是成绩，更是“女排精神”的再现。

对于世锦赛，陈忠和表示，他已经认识到了错误，由于带队时他还很年轻，难免会犯一些认识上的错误，不过他现在已经想明白了。他还说：“比赛就是比赛，每场球都得一局一局地拼，这样才能让队伍得到最好的锻炼，保持最好的状态。体育总局在赛前就一再强调，女排要打出自己的士气，打出精神风貌。对于决赛，我们也要求队员全力去拼。”

从那以后，我对陈忠和有了更深入的认识，我认为他绝对是一条打不垮的硬汉子，他一定能带领中国女排走出低谷，重回世界之巅。

2003 年 11 月，在日本大阪举行的世界杯赛上，陈忠和带领中国女排姑娘站上世界冠军的领奖台。这是中国女排时隔 17 年，重夺世界冠军。

2004 年 9 月 29 日凌晨进行的雅典奥运会女排决赛，陈忠和带领中国女排姑娘夺得了失去 20 年之久的奥运冠军。特别是与俄罗斯队的决赛，过程惊心动魄、跌宕起伏。中国女排先是 0 比 2 落后，最后绝地反击，完成大逆转。我在电视机前为她们祝福和祈祷。获胜后，陈忠和的笑容非常灿烂，他像个孩子似的冲进场地，与姑娘们拥抱在一起。

那年陈忠和 48 岁，他在成功的道路上可谓苦尽甘来。20 年磨一剑，他终于带队站上世界冠军的领奖台。

20 世纪 70 年代，陈忠和被袁伟民选中，成为中国女排的陪练之一，后来作为助理教练先后辅佐胡进和郎平，参加过无数场国际大赛。生活中的艰辛和痛苦磨炼了陈忠和的意志：哥哥不幸去世；前妻在一次车祸中丧生；他随队参加悉尼奥运会时，老父亲因脑溢血不幸去世；母亲有病在家，由姐姐照顾。陈忠和凭着对排球事业的热爱和永不服输的精神走向了成功。

陈忠和的老家盛产乌龙茶。他平时除了抽烟之外，还喜欢喝工夫茶。“生活的痛苦有时候会使人变得坚强，只要去细细品味人生，就会有所收获。”他说。

谈到为什么他在比赛中脸上始终挂着微笑，陈忠和说：“虽然我总是笑，但其实有时候心里也急。我明白，教练必须给队员信心，不能让教练的情绪影响球员，我的任务就是让她们放松心态去拼杀，所以我的笑容多了一些。”

雅典奥运会之后，陈忠和又把目标定在了北京奥运会。

北京奥运会女排比赛中最经典的是“和平大战”，陈忠和率领中国女排与好朋友郎平执教的美国女排在半决赛中相遇。苦战五局，中国女排惜败，最终夺得铜牌。北京奥运会之后，陈忠和卸任，将中国女排的帅印交还给郎平。

2009 年，陈忠和回到老家担任福建省体育局副局长，从功勋教练华丽转身，成为一名厅官。在后来的辽宁全运会和天津全运会上，再见到陈忠和，我不再称呼他“陈导”，而是尊称他“陈局”。

徐济成：
从体育名记到“双奥”组委会官员

说起新华社著名体育记者徐济成，球迷们并不陌生，圈内人士称他“大徐”。

这些年来，NBA 等重要篮球赛事的转播，央视经常请徐济成做嘉宾。徐济成的篮球解说非常专业，球评也很到位，有深度和独到的见解，深受球迷喜欢。不少人可能并不知道，徐济成曾是一名专业篮球运动员。

2008 年北京奥运会，笔者与徐济成在欢迎宴会上合影

我认识徐济成是通过篮坛名将、原济南军区男篮主教练张斌。

徐济成与张斌当年在济南市体校时是队友，两人关系很铁。当年徐济成和张斌双双到了部队，徐济成加盟原北京军区青年篮球队，张斌去了原济南军区篮球队。徐济成在专业队打了五年球，

1982年参加高考，以优异成绩考入山东大学英语系，毕业之后被分配到新华社，成了一名体育记者。

徐济成是地道的济南人，有一年他回济南省亲，张斌约我与他一起吃饭，从此我们成为好朋友。

吃饭时，徐济成与张斌回忆起在济南市体校一起打球的难忘岁月。那时，张斌的家庭经济条件不是很好，因为正在长身体，饭量大，平时也缺油水。有一次到教练家里吃饭，他一气吃了120个饺子。后来，我把张斌的这个“秘密”告诉了他的爱人。他爱人哈哈大笑，说他们认识这么多年，张斌从来没说过这个“秘密”。

从那次聚餐之后，我与徐济成的交往多了起来。在一些大赛的采访中，我经常与他见面，也得到了他的一些帮助。

北京奥运会期间，徐济成在奥组委负责媒体运行，担任北京奥运会主新闻中心（MPC）常务副主任，专门为全球持证记者服务。他说，以前采访奥运会都是别人为他服务，这次要转换一下角色，给同行服务。

徐济成连续报道过五届奥运会，能切身感受到媒体记者的所想、所需。在北京奥运会期间，为全球记者提供最优质、最专业的服务是他的追求和目标。

北京奥运会开幕式之前，我在《济南时报》开辟了一个专栏《奥组委的山东人》，与同事訾言曾专门对徐济成进行过一次专访。

徐济成说，北京奥组委媒体运行部是一个繁忙的部门，作为媒体运行部的副部长、MPC常务副主任，他常常“连轴转”，往往一下午就有几个会要参加。

“过去采访奥运会像是开人家的车，现在为北京奥组委工作则是造一辆自己的车。”徐济成这样比喻过去和现在的工作。

媒体运行部最核心的职责就是为 21600 名注册媒体人员做好设备、设施、政策和服务方面的准备及运行，保证他们能够最好地、最大范围地报道好奥运会。

“因为媒体把有限的奥运会变成无限，把奥运精神传遍世界每个角落。国际奥委会前主席萨马兰奇就曾经说过，奥运会成功与否是由媒体来评判的。”徐济成说。

在筹备北京奥运会的日子里，“忙碌”可以说是徐济成工作状态的最准确写照。他除了要完成奥组委的各项工作外，还要兼顾央视的 NBA 解说工作。

那段时间，徐济成一般早上 6 点起床，送孩子上学后就到奥组委开始一天的工作。“就说今天吧，我不到 8 点就进办公室了，先看邮件和一天的工作安排，9 点正式上班，10 点开会。然后约工程部的人去工地，确定了一些临时建筑的事情。中午会见 MPC 的赞助商，确定赞助物资。下午 1 点半回到奥组委，开临时紧急会议。然后是部分媒体注册的事情，帮央视协调证件问题。开完这些会就到晚上 6 点了，这时去场馆的同事们回来了，我们研究了一些模拟测试的细节问题和如何应付突发事件。”

徐济成表示，媒体的竞争不亚于赛场上的竞争。“我们就是要确保媒体应有的权利，帮助他们完成奥运会的报道工作。”

徐济成说：“马上要到奥运会倒计时 100 天了，最近有一系列的奥运测试赛，媒体运行的工作从 7 月 8 号开始，比开幕式提前一个月。我们要利用最后的综合测试赛进一步磨合团队，为奥运会做最后的准备。”

到北京奥组委之前，徐济成是新华社的资深体育记者，可以说对记者的需求他比谁都明白。尽管每天的工作非常忙，但是每次有记者想采访他，他总是尽量挤出时间。“我报道过五届奥运会，奥运会是运动员的竞争、国力的竞争，也是媒体的竞争。”

谈到奥运会的经历，徐济成感慨万千：“奥运会对我来说就像一次大团聚，在那个瞬间你能感觉到地球村真的存在，五湖四海的朋友全都会集在一个地方，不同语言、不同宗教、不同信仰、不同肤色、不同生活习惯，大家能那么和谐地聚在一起。这种经历会成为我的记者生涯中难忘的一部分，每次想到奥运会我都会很激动。这是对人类有益处的大团聚，它包含的不仅仅是体育，还有文化以及世界各族人民向往和平、发展的一种意愿，所以它更像是大团聚。北京奥运会的口号就是‘同一个世界，同一个梦想’，这句话真正反映出全世界人民的心声。”

在30多年的记者生涯中，徐济成采访了汉城奥运会、巴塞罗那奥运会、亚特兰大奥运会、悉尼奥运会和雅典奥运会。“我走了一圈，先到了亚洲的韩国汉城（今首尔），然后是欧洲、美洲、澳洲，最后回到奥运发祥地雅典。如今奥运会来到北京，轮到我们自己做一届奥运会了。”

五届奥运会的经历被徐济成描述成“开了五部车”，而在北京奥组委工作，是“亲手造一辆车”。

进入北京奥组委3年多了，徐济成真切地体会了“造车”的感觉。“和‘开车’绝对不一样，‘造车’事无巨细，会不断地碰到困难和问题，再不断地解决，是一系列的创造过程。这个过程复杂但有规律，我们力求通过工作积累规律和经验，为后人留下一些奥运财富和遗产。”

对于“造车”，徐济成还有自己的理解：“这届奥运会对我们来说，不仅要按照国际奥委会的要求和我们的承诺办好，还要充分展示中国文化的魅力，充分展示北京的新貌，去结交更多的朋友。不是强加给别人，而是我们就是安详的存在，然后让大家走近我们。”

在筹备奥运会的日子里，媒体运行部的工作非常繁忙，但徐济成还是挤出时间写文章、发表评论、更新博客，笔耕不辍。

“我争取在奥运会期间写些稿子。希望到时我不会太忙，因为那意味着我之前没做好准备。”奥运会之后，徐济成就将结束自己的“造车”经历。“我还会做记者，还会写稿子，还想‘开车’。”

北京奥运会期间，我经常在 MPC 见到徐济成。每次见到我，他都热情打招呼，这让我感到很温暖。“兴步，有什么事随时找我。”

北京奥运会堪称“无与伦比”，已经成为奥运会史上的标杆。北京奥运会的媒体服务赢得中外媒体记者的广泛好评，这里面凝聚着徐济成的心血，也有他的功劳。

对于如何总结北京奥运会的媒体服务，徐济成用一句话进行了概括：“北京奥运会主新闻中心（MPC）是教科书。”

2020 年 9 月 20 日，“泉城杯”篮球赛老年组比赛如火如荼地进行，徐济成在百忙之中赶回济南，与纪敏尚、范斌等名将一起为比赛助兴，以实际行动支持家乡的篮球事业发展。

谈到“泉城杯”篮球赛，徐济成表示，希望“泉城杯”一直办下去。“通过这样的体育比赛，不仅能够提高大家的健身意识和生活质量，还能让大家得到更多的交流。‘泉城杯’的举办使济南这座城市更加美好。”

北京冬奥会已于虎年春节期间成功举行。作为北京冬奥组委新闻宣传部部长的徐济成，是一位“双奥”官员。他与他的团队一起，用热情、周到、细致、温馨、专业、优质的服务，让来自全世界的媒体朋友赞不绝口，兑现了赛前要把北京冬奥会打造成一个让全世界青年相聚、相识、相互促进交流的平台的诺言。

马安泉：
从举重运动员到高级记者

中国体育记者圈内都知道我与资深体育记者马安泉的关系非同一般，无论是城运会、全运会，还是亚运会、世界女排大奖赛等赛事，总能看到我俩在一起的身影。如今马安泉老师退休十年了，每每回忆起我们哥儿俩并肩战斗的岁月，我就好像回到了激情燃烧的体育采访一线。

2002 年，笔者与齐鲁晚报记者马安泉在釜山亚运会赛场

我俩的长相形成反差：一高一矮、一胖一瘦。我与马老师在国内、国际赛场上并肩战斗多年，结下了深厚的兄弟情义和师生情义。在我多年的体育记者生涯中，马安泉对我影响最大，帮助也最大。

1988 年《齐鲁晚报》创刊，我从报纸上知道了马安泉的名字。可以说，我是看着马安泉的文章对体育新闻产生了兴趣，并希望自己能有一天成为一名体育记者。

那个时候，我刚从医科大学毕业，经常用业余时间为《齐鲁晚报》写点小文章。我与马安泉真正认识和交往是从 1992 年七运会之前、山东组队事件的炒作开始的。1996 年《济南时报》创刊，因为对体育新闻事业的热爱和马安泉的影响，我改行做了一名体育记者，有幸得到了马安泉的言传身教。

马安泉在我心目中既是一位兄长，又是一位师长，他身上很多优秀的品质是年轻记者学习的目标。马安泉带着我采访过很多大赛，令我难忘的故事很多，在此写出几则，与大家分享。

一、第一个策划体育专题的人

多年来，马安泉一直从事综合体育报道。其实早些时候，不少人未必知道，真正做专题策划的是马安泉。1993 年七运会，组建足球队的问题引起了山东省体委主要领导的困惑。当时山东省足球队和青岛足球队都想代表山东参加全运会，可是两队谁也不服谁，究竟派谁代表山东参赛，成了一个难题。

马安泉在《齐鲁晚报》开辟了《七运足球大家谈》专栏，发动社会各界人士，包括球迷和专家，发表见仁见智的看法，大家投稿踊跃。我也就门将和主帅等问题写了几篇文章，见诸《齐鲁晚报》报端。这个专题持续时间很长，引起了轰动，得到了省体委领导的肯定。马安泉综合各界人士的意见进行深入分析，写出了一篇《两虎相争 必有一伤》，建议两队联合组队，强强联合，方能真正代表山东足球的水平。最后省体委采纳了马安泉的建议，很顺利地完成了组队问题。从那以后，媒体开始有了专题策划。

二、专家型记者名副其实

马安泉做过专业举重运动员，对国内外综合体育情况了如指掌，同行都称他为“活字典”。尤其让我敬佩的是，他对业务非常熟练，很多记者达不到他的水平。

马安泉经常带我采访举重和乒乓球比赛。有关专业问题，不少同行写稿前都要向他请教。马安泉是一个乐于助人的人，不管谁向他咨询问题，他都很耐心地回答。

马安泉对山东体育的情况尤其熟悉，每个运动队的教练和队员他都如数家珍，经常写出很有深度的文章，为省体育局领导的决策提供参考。

让我印象最深的一件事是，2001 年广东九运会，马安泉到广州后用了整整两个晚上认真研究赛程，对山东代表团的夺金形势进行了深入分析，如哪个项目谁能夺金以及夺金时间，并将其编辑成采访指南，第二天山东记者人手一份，大大节约了采访时间，少走了弯路，提高了采访效率。不少记者对马安泉伸出大拇指，表示感谢和赞赏。因为综合运动会赛事繁多，一个人根本跑不过来，山东记者拿着马安泉编辑的采访指南就非常方便。

《济南时报》与《齐鲁晚报》在同城属于竞争关系，但是我俩采访大赛时经常住在一起，我经常得到马安泉在生活和工作上的帮助，不少人难以理解。可是马安泉却不这样认为，在他看来，没有独家新闻，只有独家视角，即使我俩采访的是同一个事件，但写出来的文章角度肯定不一样。

马安泉常说，媒体之间固然需要竞争，但同行之间仍然是兄弟关系、朋友关系，是同一个战壕的战友。离开报社去其他省、市采访，我们代表的是山东；到国外采访，我们代表的是中国，彼此之间需要相互帮助。这一点反映出他为人豁达、坦诚，对年轻记者关怀有加。

2002 年釜山亚运会，我和马安泉在韩国一待就是一个月，他每天带着我转战各个赛场。由于他业务非常熟练，我跟着他每到一个赛场都有收获，从来没有扑空的情况。

三、一个有爱国情怀的人

那次到韩国采访，马安泉还有一件事情至今被同行广为传颂。亚运会采访结束后，我比他早回国一天，他返程的机票是我帮他订的，飞机是从仁川回青岛。他回来那天的航班是东航航空公司的，当天恰巧只有他一个乘客，按照国际惯例，一个人也应该照样起飞，可是那样的话东航将付出很大代价。东航有关人员向马安泉说明了情况，并表达了歉意，希望他能给予理解，并与他商量，能否将机票改到第二天直飞烟台。马安泉欣然同意，也没给东航提出任何苛刻的条件，这让东航的工作人员十分感动。

后来谈到这件事，马安泉动情地说："在异国他乡，我永远想着的是，我是中国人，要有爱国情结。而我乘坐的飞机又是自己国家的，理所当然要配合。"虽然这只是区区一件小事，但反映出了他的爱国情怀。

四、一个非常敬业的人

在与马安泉这么多年的交往中，他的敬业精神、对工作一丝不苟的作风以及永不服输的精神影响着我。

马安泉曾告诉我，他做运动员时的口头禅是：就算扫马路，也要扫成全国第一。做了记者后，马安泉仍然有着不服输的精神，并与时俱进，紧跟形势。

还是以采访釜山亚运会为例。当时他刚学会用电脑打字，便带着儿子的笔记本电脑到了韩国。临走时，报社一些年轻同仁还为他捏了把汗，担心他因为刚学会使用电脑，操作不熟练，影响发稿。没想到马安泉熟练地运用“新武器”，每天按时发回上万字的稿件，让后方编辑为之叹服。

马安泉的敬业精神有口皆碑，他采访比赛，经常是完成所有稿件的写作任务并发回编辑部后才吃饭，无论时间有多晚。他的这种做法也影响了我，不写完稿，我就吃不下去饭。

在马安泉看来，一切要为后方编辑着想，提前把稿件发回去，能为报纸提前印刷赢得时间。马安泉对稿件的写作精益求精，每篇稿件他都会反复检查，精雕细琢。他有一个习惯：一边念出声来，一边修改稿件。他常告诫我，好的稿子是改出来的，久改出华章。

马安泉还经常教导我，作为一名记者一定要深入现场，他认为，无现场，不新闻。这让我想起，现在有的记者沉溺于网络，不到现场，居然也能写出稿件。马安泉认为这种作风要不得，败坏了记者的形象。

有一件事至今让我记忆犹新。2001 年九运会女子竞走比赛在广州奥林匹克体育中心进行，当时赛事临近尾声，各路记者人困马乏，上午睡懒觉，放弃了竞走采访。马安泉把我喊了起来，山东记者只有我俩到了赛场，结果我们见证了非常感人的一幕：山东运动员郭冬梅走了一圈后突然来了例假，鲜血顺着大腿流了下来，经过医生的简单处理，她坚持走完 19 圈。我俩写出了非常感人的报道。我写了一篇《流着鲜血，走完的 19 圈》的稿件，获得了山东体育新闻奖。

五、人脉关系非常广

做记者没有关系，寸步难行。这些年来，我在体育圈内也有很多人脉关系，这主要得益于马安泉的帮助，我的不少关系都是他的老朋友。马安泉经常带着我到北京国家体育总局和训练局采访，他的一些老关系逐渐成了我的新关系。

马安泉每次到训练局采访都畅通无阻，他与国家体育总局的一些主要官员和各个管理中心主任、主教练关系非常好，如时任国家体育总局副局长冯建中、时任国家体育总局举摔柔管理中心主任马文广和原体操管理中心主任高健、原中国女排主教练陈忠和等。

为什么马安泉在圈子内人脉关系这么多？不少体育名流愿意与他打交道，成为好朋友，关键是他的人品赢得了对方的敬佩，娴熟的业务水平获得了对方认可。马安泉常说，与人交往要以诚相待，做人要不卑不亢。人不可有傲气，但不可无傲骨。马安泉如此多的人脉关系，成了齐鲁晚报的宝贵财富。每次齐鲁晚报搞大型活动，聘请嘉宾的重任大都落在马安泉身上。记得2009年十一运会开幕之前，由齐鲁晚报承办的“全运功勋人物”评选活动获得成功，参加晚会的30多位嘉宾都是马安泉出面邀请来的。

这些年来，我从马安泉身上学会了做人，更重要的一点是，他对体育新闻事业的热爱和对工作的激情深深感染着我。不少人干记者时间长了，便产生了惰性，甚至改行，但马安泉一直把体育记者作为自己终生的事业，干到退休。当年，一直在全国跑到退休的一线记者寥寥无几，马安泉就是其中杰出的代表。

米卢强调快乐足球，马安泉提倡快乐采访，即从繁重的新闻采访中获取快乐，这是他保持工作激情秘诀所在，也是我追求的目标。

马安泉做运动员时只是初中文化水平，做了记者之后他刻苦学习，弥补文化课上的短板，自修完成了新闻本科的课程，后来获得研究生学历，并晋升正高职称，实现了从一名举重运动员到高级记者的蝶变。

如今马安泉老师退休多年，还在坚持每天看书、学习、健身，同时享受天伦之乐。我每次去看望他，都会回忆起一起战斗的岁月。

马安泉常说，工作时一定好好努力，珍惜每一次的采访，因为今天的努力是为了明天的美好回忆。一个人如果碌碌无为，整天混日子，退休之后就没有值得回忆的往事，这样的人生没有意义，也是可悲的。

李晓霞：笑傲伦敦奥运赛场

2012 年伦敦当地时间 8 月 2 日晚上，在 EXCEL 乒乓球馆，李晓霞战胜了队友丁宁，夺得伦敦奥运会女子单打冠军，实现了济南奥运金牌零的突破。

比赛结束后，谈到此次参加奥运会的感受，李晓霞激动地对我说，她与其他运动员一样，到了奥运会就是要圆自己的金牌之梦。如今梦想成真，伦敦成了她的福地。

在此，让我们一起走近这位奥运新科冠军。

一、打球时眼睛开始发光

赛后第二天早上，李晓霞与教练李隼一起吃早餐。这顿早餐可以说是来伦敦几天来师徒俩吃得最开心的一顿，因为拿到了冠军，师徒俩多年的愿望实现了。让李隼高兴的是，他在李晓霞身上下的功夫没有白费，换来了这枚沉甸甸的金牌，更让他高兴的是，如今李晓霞的霸气出来了，打球时有一股杀气。李隼对李晓霞给予了表扬，夸奖她打球有狠劲。李隼语重心长地对李晓霞说："打球就要有狠劲，想拿冠军，必须灭掉所有的人。"

以往李晓霞比赛，打球不够狠，比如在世界锦标赛和世界杯两次决赛中，都是因为她没有狠劲，才输给了丁宁，为此李晓霞没少挨李隼的批。现在李晓霞打球有霸气了，气势很盛，终于得到了李隼的表扬。这是近两年来李隼第二次表扬李晓霞，上一次是在两年前的广州亚运会，女单决赛李晓霞对阵郭跃，在0比3落后的情况下，李晓霞绝地反击，成功逆转，那场比赛堪称经典之战。

在山东省举行的伦敦奥运会庆功会上，李晓霞接受济南时报赠送的精美纪念品（图片由刘凯提供）

李晓霞与丁宁的这场血性对决，场上火药味很浓。不过一入场，李晓霞就在气势上压过了对手。丁宁显得很紧张，大步流星地入场，面部的肌肉都有些发僵。比赛时丁宁情绪失控，多次抗议裁判，导致心态失衡。而李晓霞是小跑入场，一脸的轻松和自信。让李隼高兴的是，李晓霞在比赛中打出了霸气，她每打出一个好球，就握拳、喊叫，发球时会跺地板。

李晓霞在省队时的教练乔云萍也坐在看台上，双眼紧盯着弟子的每一个球，观察着每一个细节：“如果看到她的眼神发光了，就说明她开始动脑子了，开始琢磨对策了，这球一定能打好。”这场比赛，李晓霞在场下准备充分，到了场上善于应变，抓住了丁宁的破绽，一直占据主动，进而取得了最终的胜利。

二、做人非常大度

丁宁拿过世界锦标赛和世界杯的冠军，如果这一次拿了奥运会冠军，她就将成为中国女乒第三个大满贯，因此，她对奥运这枚金牌的渴望程度大大超过了李晓霞。

此次被李晓霞击败后，丁宁泣不成声，非常难过，难以接受失败的现实。在发奖仪式上，她居然只与第三名新加坡的冯天薇握手，不与李晓霞握手。对此，李晓霞并不怪罪丁宁，她完全理解丁宁的心情。在接受我采访时，她对丁宁评价很高。李晓霞的团队意识很强，她担心女单决赛丁宁失利会影响打团体，所以在赛后的尿检时，李晓霞主动与丁宁进行了交流，把自己的教练李隼教给她的制胜绝招传授给丁宁："打球要狠，要想拿冠军，必须灭掉所有人。"

李晓霞的用意很明显，她讲这番话一方面安慰一下丁宁，另一方面让丁宁忘记单打，尽快振作起来，把所有心思用在团体比赛上。

在李晓霞看来，女团这枚金牌含金量更高，她要与丁宁协同作战，灭掉所有的对手，实现卫冕的目标。这也是李晓霞伦敦奥运之旅的第二个梦想。

李晓霞明白，要实现第二个目标，必须与丁宁以及另外一位队友郭跃紧密配合。

三、懂得感激别人

夺得奥运金牌之后，李晓霞对我说的最多的话就是感谢。她感谢了一圈人，有总局负责乒乓球方面的副局长蔡振华，有总教练施之皓，有主管教练李隼，还有已经去世的济南皇亭体育小学的陆洪珠老师和山东省队教练乔云萍，以及鲁能乒乓球俱乐部的领导和教练。

对于鲁能俱乐部，李晓霞也有着特殊的感情，她是通过鲁能俱乐部在职业联赛中登上了冠军领奖台。

在上述感谢当中，李晓霞提到最多的就是陆洪珠老师和刘凯校长。

李晓霞说，她 9 岁就来到济南，从济南走上了成功之路，她要为济南这座城市贡献力量，报答培育之恩最好的礼物就是奥运金牌。

当得知自己是济南奥运金牌第一人时，李晓霞很开心地笑了，连说自己没有辜负济南市各级领导和泉城父老乡亲的期望，济南籍运动员终于在奥运赛场潇洒一回，扬眉吐气了。

四、没有明星架子

李晓霞也是一个爱美的姑娘，平时喜欢化妆。这次到伦敦之前，还专门到理发店染了发，业余时间也会描眉。比赛场上，李晓霞精神气十足。不过她有男孩子性格，平时不太喜欢穿裙子。

李晓霞性格随和，没有一点明星架子，对记者的采访很配合。这次夺金之后，由于没有新闻发布会，众多记者只能在混合区等候。由于她是新科奥运冠军，中外媒体记者怀着极大兴趣，轮番提问她。李晓霞很有耐心，一一回答了记者的提问。不少同行对李晓霞伸出了大拇指，称赞她有素质、有涵养，讲话有水平。

李晓霞不仅在媒体圈中口碑很好，在球迷中也很有人缘。她的粉丝很多，此次比赛有很多中国球迷不远万里来到伦敦为她加油。比赛中，为李晓霞加油的声音超过了丁宁。

五、感情非常细腻

李晓霞是一个感情细腻的姑娘，爱流泪，以往输了球哭，这次拿了金牌也哭。关于为什么赛后发奖时她流下热泪，李晓霞说出了心里话。

“以往太压抑，拿了好几次第二，今天太不容易了，可以说是真正地释放了自己。”

我问她的性格与丁宁有什么不同，李晓霞说，丁宁是外向性格，而她属于双重性格，说静能静，说疯也疯。比赛时也能看得出，李晓霞在场上更像一个冷面杀手，不苟言笑；场下的李晓霞有说有笑，谈吐自如，回答问题滴水不漏，很有条理。

李晓霞还是一个处事低调的姑娘，不太张扬。她也有烦恼，就是脸上的青春痘太多——对于每一个爱美的女孩子来说，这都是一件很痛苦的事情。

六、讲一口地道的山东话

李晓霞出生在辽宁鞍山，从小就来到山东，可以说是济南的泉水见证着这位东北小姑娘一步步成长为奥运冠军。李晓霞对济南这座城市感情很深，讲话还带着山东口音。李晓霞也为山东、为济南赢得过无数荣誉。十几年来，她从城运会、全运会、亚运会，到这次伦敦奥运会，全拿过金牌。李晓霞是一个志存高远的人，她不满足于现状，把目标瞄准大满贯。

中国女子乒乓球队一共出了两位大满贯，一位是王楠，另一位是张怡宁，上述两位大满贯都师从著名教练李隼。李晓霞发誓，要在李隼教练的栽培下，向两位师姐学习，向着第三个大满贯的目标努力。

“我庆幸自己遇到了一位伟大的教练（李隼）。我要在他的培养下，争取在世界锦标赛和世界杯赛上登上最高领奖台。”

王兴步：
猜对广州亚运会开幕式点火方式

2010 年，笔者在广州亚运会主新闻中心留影

大型综合运动会开幕式中最激动人心的时刻就是点燃圣火，至于采取什么方式点火，导演要费尽脑筋、挖空心思，力求做到有创意、有悬念。

2002 年，我第一次采访亚运会，那是第十四届釜山亚运会。8 年之后，2010 年，能在自己的祖国采访广州亚运会，我备感自豪，更令我欣喜的是，我竟然猜对了开幕式的圣火点燃方式。

一、发布会上直言“点爆竹”

广州亚运会于 2010 年 11 月 11 日开幕。在开幕前一天组委会举行的最后一次新闻发布会上，点火仪式成了中外记者关注的焦点，可是无论记者如何刨根问底地轮番提问，亚组委庆典和文化活动部部长何继青的回答都滴水不漏。

不过在记者的反复追问下，何继青不得不透露了一点点火仪式的情况，“可以说，点火仪式非常中国化，充满中国风情、中国元素，是广大老百姓都非常喜欢和熟悉的方式”。

这时我的脑海中突然闪出一个想法：按照中国传统，喜庆事都要燃放爆竹，会不会采取这种方式点燃圣火？于是我马上做出大胆预测，举手要求提问。

我说：“何部长，我是《济南时报》的记者，如果是中国老百姓都喜欢的方式，我猜想是用点燃鞭炮的方式点燃圣火，请问是不是这样？”我话音刚落，引来全场一阵大笑。

这时我发现何部长的脸色很尴尬，他对我的问题不置可否，沉吟了大约一分钟之后，开始很难为情地回答我的问题：“这位记者朋友提出的问题很有意思，我们欢迎大家一起来猜谜，明晚大家就能看到最后的答案。”

发布会结束后，我与几个朋友讨论，认为极有可能是通过点燃爆竹的方式点火。

二、导演女儿卖关子

央视要直播开幕式，为了提前搞清楚点火方式，11 月 9 日中午，央视邀请亚运会开幕式总导演陈维亚做客演播大厅，请他讲述开幕式的一些创意设想。

尽管主持人几次套话，让陈维亚透露点火机密，但是陈维亚守口如瓶，他要把这个悬念留到开幕式最高潮的时候揭开。央视主持人“别有用心”，把陈维亚7岁的小女儿陈佳雨也请到演播室。在主持人看来，孩子会说实话，如果从陈维亚口中套不出有价值的东西，说不定从孩子那里能得到意外收获。这位可爱的小姑娘对央视主持人抖了个包袱，扔下这样一句耐人寻味的话："别看我小，我是点圣火的。"央视主持人以为抓到了猛料，便开始猜测点火方式，比如可能在水下点火，等等。

三、点燃圣火果然就是"放爆竹"

11日晚上亚运会开幕现场，数万人期待着圣火点燃，全场观众把目光聚集到火炬台。

火炬台的整个点燃过程堪称经典，从火炬台如同变戏法一般升起就可以看得出来，这会是一个创意十足的点火方式。四个同心桥同时向中心靠拢，并慢慢竖起，不久前刚刚容纳了代表亚洲45个国家和地区的生命之水的圣水盆成了同心桥的连接点，同心桥则变成圣水盆的支架，广州亚运会的火炬台就此现场搭建成型。

圣火进入会场的方式也无比新奇：农民身份的中国龙舟队队长吴国冲高举火炬从珠江跑进开幕式主会场。从水上跑？是的，就是在跑！在吴国冲的脚下，开幕式组织者特意搭建了一条隐藏在水下的跑道，这让他演绎了一出只有武侠小说里才有的"水上漂"好戏。

随后，吴国冲将火炬传递给奥运会体操冠军陈一冰，陈一冰的下一棒则是中国足球名宿、籍贯广东的容志行，乒乓球女王邓亚萍则是第四个火炬传递者。

看着邓亚萍一步步跑近火炬台，现场很多人屏住了呼吸，以为会由她来点燃火炬。随着追光灯的一路追逐，这个猜测旋即被否定。这时，广东籍奥运跳水冠军何冲领着一男一女两名儿童等在火炬台的下面——悬念之一终于揭晓：点燃圣火的是何冲和两名儿童。值得一提的是，其中一个小姑娘不是别人，正是开幕式总导演陈维亚的宝贝女儿陈佳雨。

点燃圣火的人选已经揭开面纱，那么，最令人激动的点火方式是什么呢？颇有表演天分的何冲看着高高在上的火炬台，做出了一副到处找点火口的样子，而两名聪明的小朋友则适时地抱出了一个硕大的爆竹，放在了火炬台的正下方。随后，三人小心翼翼地将这个大家伙的引信点燃。

随着引信的火苗越来越大，现场也响起了倒计时的读秒声，这个时候大家都明白了点火的最终方式。几秒钟后，一颗颗火弹冲天而起，圣火盆中的圣火就这么被点燃，全场顿时欢声雷动。这样的点火方式不仅展现了浓烈的中国传统文化特色，而且显得创意十足。

点燃圣火果然就是依靠爆竹喷射的烟花点燃的。这时，媒体看台上的记者们纷纷向我表示祝贺。我的手机当天晚上被打爆了，无数同行都在追问我是否在组委会里安插了“内线”，更有甚者，已经专门写稿称我为“预言帝”：“都知道章鱼保罗是南非世界杯上的‘预言帝’，兴步哥可是广州亚运会的‘预言帝’。”

四、各路媒体盛赞山东记者为“预言帝”

第二天，《济南时报》对点火进行了详尽报道，还在头版做了导读：“本报记者猜对了亚运会点火核心机密”；《重庆晨报》等报纸和一些网站纷纷对我猜对点火进行了报道：《山东记者变身“预言帝”完美预测爆竹点火》《鲁记堪比章鱼哥，测出亚运会点火方式》。

我本来是一名采访亚运会的记者，一不小心却成了开幕式第二天一些媒体报道的对象。

附录一

有一种名记叫“兴步哥”

孙立忠
济南时报原副总编辑，现任济南日报全媒体部主任

前两天，兴步哥写了篇文章，赞体育名记马安泉，记二人并肩采访的往事及兄弟情谊，情意殷殷，感人肺腑。感动之余，忽然想到，兴步哥同为名记，同为大有故事的人，我何不写写他？

说写便写。

“兴步哥”这一称谓，不专属于我对他，“江湖”中人对其也大多如此称呼。至于原因，一来是因其年龄稍长，二来是因其有“大哥之风”。所谓“大哥之风”，不是盛气凌人说一不二、要雨得雨要风得风，而是亲和力强，让人感觉如沐春风。大哥之风，山高水长。巩晓彬、李霄鹏以兄视之；王永珀、崔鹏以叔视之；图巴非要邀他到“家”里做客，并介绍妻子与他相识；桑特拉奇“下课”前，只肯对他一个人倾诉衷肠。

兴步哥转行到济南时报那年，三十有二，入杏林已十四载：求学五年，当儿科医生九年。医学著述不少，医院大梁可挑，正是苦尽甘来的时节。可兴步哥竟要去当什么体育记者。如此跨界，步子太大，容易闪着腰，所以同事不解，家人反对。兴步哥不为所动，坚定地服从自己的内心，既然爱体育爱得死去活来，那就不能不转。

这一转，不得了，中国少一名医多一名记；正如当年鲁迅弃医从文，中国少一名医多一大作家。

兴步哥成为名记，并没有花太长时间。我识兴步哥，先识其文，后识

其人。当年《足球报》一纸风行，上面时有他的大作，我为球迷，常读。时在1997年前后，我还在上学。而这，大约可算是兴步哥迅速为人所知的一个论据。

名记到底是怎样炼成的？似乎并没有什么秘籍可供参考。奥里娅娜·法拉奇靠的是对采访对象的犀利提问，海伦·托马斯靠的是质问总统，穆青靠的是贴近大地，王克勤靠的是揭露黑幕，大家各有所长，各走各道。而兴步哥，靠的又是什么？

我特别喜欢翻看兴步哥与明星们的合影，每次翻，那感觉就如同进了体育名人堂，名人太多，让我有些目不暇接，布拉特、哈曼、维拉潘、李宁、蔡振华、周继红、孙雯、林丹、韩端、诸宸、张娟娟……一个个，皆笑立于兴步哥身旁。

与兴步哥合过影的，当然少不了图巴科维奇（就是上文所说的图巴）。2004年1月，鲁能泰山队选定新帅，就是这位图巴先生。兴步哥有顺风耳，探得图巴要来济南，便乘火车直奔北京，在首都机场守候。图巴一来，兴步哥马上就在咖啡厅对其专访了个不亦乐乎。上飞机，兴步哥与图巴聊一路；下飞机，兴步哥与图巴并肩出遥墙机场。见兴步哥在出乎预料之处出没，来接机的其他媒体记者皆大惊失色。兴步哥在采访上的神出鬼没、不走寻常路，大抵类此。

传媒界有谚：记者见官，大一级。意即记者无论见了多大的官，都不能输了气势，不能仰视，不能畏缩，甚至有时还要来点俯视。而兴步哥的信条，不是“大一级”，而是平视：无论你是谁，哪怕是天王老子，我都平视你，该采访时就采访，该出手时就出手。2008年8月，北京奥运会开幕，兴步哥奉命前去采访。一日，他偶遇澳大利亚总理陆克文，陆克文总理位极人臣，有保镖护驾，兴步哥并不因此退缩，而是冲上前致意。陆克文也不失风度，两人相谈甚欢，合影留念。合影传回报社，编辑大喜，将其发于头版，并起标题曰：《本报记者与澳总理搂脖》。

兴步哥身体不壮，然有担当。2004 年 8 月，亚洲杯决赛前，亚足联在北京举行新闻发布会，会上，一日本记者大放厥词，说什么济南赛区不给日本记者换采访证，管理混乱，且对他们不友好。兴步哥正在现场，闻此大怒，拍案而起，斥其纯属一派胡言，摆事实讲道理，有理有节，义正词严。对方理屈词穷，只好低头道歉，连称自己有误解。一市、一省、一国之声誉，因此得以挽回。

兴步哥个子不高，然中气足。报社搞过数次竞争上岗，每一次，兴步哥的演讲都能点亮全场，他激情四溢，声若洪钟，语言幽默，于是满座皆笑，掌声迭起。其得票多少，不问可知。

兴步哥不唯擅于掘地三尺挖独家，也擅长写人。他阅人无数，写人无数，不管是写老一辈的阚福林、郎效农，还是写处于职业生涯末期的王治郅、陈照升，抑或是写“外来的和尚”多曼斯基、伊万科维奇，皆活灵活现，人物性格跃然纸上。其文字如巨斧开山，劈面直入，不事雕琢，无脂粉气，读之，明白如话，有翰墨淋漓之感。

兴步哥为体育记者垂 20 年，对体坛内幕、明星轶事知之甚详，如数家珍，有的内幕还相当惊悚。我对他说，这是稀缺品，写成书，必大卖。兴步哥不肯，说，将此作为谈资，可；公开发表，不宜。其宽厚若此。

兴步哥人脉广，不仅限于体育圈。他的同学、校友、前同事散落于各大医院，很多已是名医，报社同事或其家人有恙，常向他求助。每当此时，兴步哥从不推托，电话连线，跑前跑后。有的受助者过意不去，想向兴步哥表示点心意，他总是婉拒，说，都是兄弟，不必。其热心若此。

对他人，热情似火；做事情，风风火火；遇不平，性如烈火。兴步哥心中，燃着一撮熊熊的火苗。宋丹丹演的小品中，竞争奥运火炬手的白云大妈自称是火命，我怀疑，兴步哥也是火命。

疑似火命，医者仁心。临沂人的不屈与韧性成就了一个独一无二的名记兴步哥，难以模仿，不可复制。

有一种名记，叫兴步哥。

兴步哥，全名“王兴步”，笔名“郎中”，微信上自称“传媒郎中”。

写于 2016 年 8 月

附录二

从体育记者到医学人文专家

徐从芬
联合日报社记者

在山东媒体圈中，有一个人赫赫有名。“传媒郎中”，名如其人，他既是优秀的媒体从业者，又曾是大医济世的好“郎中”。

他前半生如鲁迅一样弃医从文，人生后半程又回归医学人文研究。

从主治医生到十佳记者，再从传媒名记到医学人文专家，他为人生画了一个完整的圆。他就是舜网传媒副总编辑王兴步。

一、使命：用传统文化滋养医学人文

2017年开始，作为山东省研究型医院协会副秘书长，王兴步马不停蹄，在我国著名的普外科学专家、中国腔镜技术领军人物胡三元的领导下，4年中策划组织成立117个专业分会，会员囊括了山东省所有的三甲医院和部分二甲医院。

从前期策划、组织人手，到后期协会成立，媒体宣传报道，每一个分会的成立都凝聚着王兴步的心血。

繁忙的工作之余，他越来越多地被邀请去多个医院和众多医学学术会开展医学人文讲座，从传统文化中汲取营养和寻找答案，感悟医学真谛，倡导做一个有温度的医者……他为冰冷的医学“破圈”，以传统文化重塑医学人文精神，一堂堂精彩的医学人文课程让临床一线的医生们耳目一新，受益匪浅。

“中华传统文化博大精深，医学人文是医学的灵魂，临床医生们都爱听，也彰显我们的文化自信。”

王兴步每天业余时间都要研读《论语》和《道德经》，孜孜不倦地学习、传播中华优秀传统文化。

在媒体与医学间圆满跨界，早已过了“知天命”之年的王兴步仍然对人生充满热情和激情，不知疲倦。促进医学人文精神走近临床一线，就是他新的使命。

著名学者吴伯凡曾说，我们在生活中需要刻意制造“出圈”。

从左至右分别为：山东第一医科大学第一附属医院院长、山东省研究型医院协会会长胡三元教授，山东第一医科大学首任校长、上海瑞金医院院长宁光院士，舜网传媒副总编辑王兴步

他解释说，每个人到了一定年龄，都会形成一种相对固定的生活和工作轨迹，而且越来越正规化，人们会沿着这条自认为正确的轨道持续往前走。在这种按部就班的生活中，人们会越来越适应，甚至不自觉地被这种生活次序所“绑架”，这世界变得越来越单一，其实是在过一种被过滤的生活。所以，“出圈”指的就是人生不画地为牢。适时“出圈”，接触别样的世界，就会给生活带来别开生面、别有洞天的可能。

总结王兴步的人生半程，他从不惧“出圈”，时刻饱含激情，完成了人生的两次“出圈”，也实现了人生的回归。

二、跨界：从医学生到省城卫生界“小才子”

“医学人文专家”，这是现在的王兴步在旁人眼中的标签。但是这并不是新的标签，一切在40年前就已经开始书写。

1982年，王兴步走出沂蒙大山，以优异的成绩考入山东医科大学，来到梦想中的医学殿堂。

当年，他的梦想是成为一名白衣天使，做一名内科医生，救死扶伤，为百姓解除疾病痛苦。在校学习时，他经常为校报撰写文章，是校报的主力学生记者。由于在上大学时养成了写作的习惯，他毕业后更是一发不可收拾，在劳累的工作之余仍然沉迷写作。

1987年7月，王兴步毕业，被分配到济南市立四院，做了一段时间的内科医生。有一天，一位分管业务的副院长“骗”他到儿科帮忙，这一帮不要紧，王兴步成了一名儿科医生，天天与孩子打交道。

王兴步在繁忙的工作之余，埋头钻研业务和著书立说，先后出版了《小儿常见病防治》《儿科呼吸道疾病防治》《心脏病介入治疗》《儿科心脏病学》《神经科介入治疗》《儿童癫痫病》等医学专著，还在国内专业杂志发表论文 20 篇。

在学术上，王兴步积极向老前辈请教和学习，敢于向权威挑战。他担任中华医学会济南儿科分会秘书，其母校著名教授马沛然、朱长君、郝芳之、孙若鹏等都非常喜欢这位在学术会上爱提问题的学生。

王兴步还积极探讨新业务，小儿腹泻是儿科常见病，但又非常令家长和临床医生棘手。他通过查阅大量资料，在济南率先开展了维生素 K3 治疗小儿腹泻，并获得成功，后来在同行中推广应用。

王兴步的兴趣非常广泛，在校期间他是《山东医大报》的学生记者，也热爱足球，毕业之后仍然喜欢足球，在《足球报》《中国青年报》《大众日报》《齐鲁晚报》和《济南日报》发表各种作品 1000 余篇，被誉为济南卫生界“小才子”。正是酷爱写作的习惯和长时间的新闻写作实践的锻炼，为他后来改行做记者打下了坚实的基础。

三、出圈：从优秀的儿科医生到传媒名记

1995 年底，《济南时报》创刊，报社急需人才。著名记者尹波从齐鲁晚报调到济南时报，创立体育部，需要帮手。尹波首先想到了王兴步，并向报社总编辑崔齐东推荐。

当时，当了 9 年临床医生的王兴步已经慢慢成为山东儿科医界的后起之秀，即将晋升副教授。不出所料的话，他将会沿着主任医师、教授的路子走下去，未来成为一名“医学大咖”，一片坦途。

但在创作中寻找到激情的王兴步经过深思熟虑，毅然决定“弃医从文”。他带着一大包作品和专著来到了崔齐东总编辑办公室，爱才如命的崔总当

场拍板，要把他调到报社。可是济南市卫生局并不放人，因为王兴步当时在济南卫生界小有名气。后来还是报社出面，卫生局才放行。这样王兴步离开了医疗战线，来到了一个新的行当——新闻，他在一线一干就是二十多年。

从此，医学界少了一位名医，传媒界多了一位名记。

干一行爱一行，干一行精一行。这些年来，王兴步缔造了一个又一个新闻报道传奇。他专访过泰山队历任主帅，独家采访过体育名人上百人，与郎平是好友，《济南时报》很多焦点稿件和独家稿件都出自他手，他还兼任国内发行量最大的专业报——《体坛周报》的特约记者。

王兴步的采访领域不仅局限在足球，还涉及篮球、排球、体操、游泳等综合项目，是一个全能型记者。他每年发稿量在600篇以上，接近100万字，其中超过五分之一的文章具有较大影响，有些稿件被新华社定为通稿，先后有30多篇作品获得山东新闻奖、山东体育新闻奖和全国晚报类新闻奖项。

因出色的采访能力和极佳的撰稿水平，王兴步获得了累累殊荣，任何一个奖项单拎出来都让年轻的记者望尘莫及。如十佳记者、集团先进等。2004年度，王兴步因报道亚洲杯出色，受到济南市委宣传部通报表彰，市委宣传部单独下发红头文件，号召全市新闻工作者向他学习。同年，在济南市首届最受群众欢迎的十佳记者中，王兴步榜上有名，还荣立济南市委、济南市政府二等功，成为《济南时报》创刊以来第一个获得此殊荣的记者。

王兴步在业余时间积极学习新闻理论知识，1998年到2000年，在紧张的工作之余，他又获得山东省委党校新闻本科文凭，在《青年记者》等杂志上发表论文10余篇。

虽然如今的王兴步早已退出采访一线，成为管理部门领导，但“人不在江湖，江湖仍然保有他的传说”。

如此富有传奇色彩的王兴步在媒体圈有多火？他脱离采访一线多年了，但笔者几次出差，再聊起王兴步，在场关心体育、爱好足球的男士们几乎无人不识他的大名。

“我看着王兴步的报道度过了我的青春。”“当年年轻时，上班前必买一份报纸，到了办公室立刻就翻到体育版，看完后全办公室的人都得传着看一遍。”山东省民建八支部主委陈成曾说。

四、回归：以更高的视野来研究医学人文

虽然多年来深耕传媒，但是王兴步从来没有一天忘记过医学，他始终密切关注山东医学的发展，集成独一无二的从医经历和深厚的新闻功底，致力于山东名医、名院的宣传报道，努力讲好医院故事，弘扬正能量。

他走上管理岗位后，更是与各家医院建立了良好的合作关系，对医院工作支持力度很大。2012 年，他在山东省立医院建立国内首个“走转改新闻采访基地”，并深入病房、药房、手术室采访，写出了一系列有深度、有温度、可读性强的专题报道。开辟的《时报总编蹲点日记》获中国晚报协会名专栏二等奖。

2017 年，王兴步轮岗到舜网任副总后，又在山大二院成立了舜网 · 爱山东记者站，充分利用新媒体积极传播医院正能量，讲好医者仁心、大医精诚的故事。

2017 年山东大学齐鲁医学院百年庆典活动，他又以一本几十万字的专著《天南地北山医人》深情回馈母校。

“医学是关于人类健康的一门科学，不仅包括医师对患者疾病的诊治和预防这一科学、理性的一面，还包括医学人文、感性的一面。”

王兴步说，医师面对患者时不分性别、年龄、职业和贫富，是肩负救死扶伤责任的一项崇高职业。

对于如今的王兴步来说，年少时的梦想均已实现，扎根济南几十年，他如一座桥梁，站在医学与媒体的中间，起到了融通作用，但他依然在思考着人生的下一步。

“上医治国、中医治人、下医治病”，他从儒家的“中庸之道”出发，认为博大精深、源远流长的中国传统文化中，很多思想和理念与医学工作者应具备的人文素养相契合。

王兴步在人生中继续“出圈”，肩负历史责任。他期冀通过自己的努力和钻研，为看似冰冷的医学“破圈”，以传统文化重塑医学人文精神，用儒家和道家智慧滋养医学人文，最终拉近医学与人文的距离，在有温度的医学人文的研究道路上越走越远。

今年欣闻王兴步将出版文集，将多年来采访的名人故事结集成书，笔者非常幸运，自己的这篇拙文能被收录。

写于 2022 年 1 月

附录三

“传媒郎中”是这样炼成的

马安泉
齐鲁晚报高级记者

中国体育新闻界人才济济，实力雄壮。毫不夸张地说，中国的体育记者队伍，可与世界超一流团队媲美。

咱济南的王兴步，更是其中出类拔萃的佼佼者。用咱济南话说：王兴步是个人物！他活跃于体育新闻界20余年，他写的众多新闻报道深入人心，而他的体育记者生涯，更具有独特的传奇色彩。

在体育记者的最高殿堂——奥运会中，采访关键新闻人物，兴步总是如有神助。众目睽睽之下，他能逾越重重关卡，与澳大利亚总理陆克文用英文与中文侃侃而谈并合影留念；在国际奥委会的新闻发布会上，兴步亦能脱颖而出，赢得提问权并向罗格主席发出“请您参加中国全运会”的邀请，且成为现实。足球报道非常热烈，要捕捉到独家新闻何其艰难。然而兴步不仅登上主席台，采访亚足联秘书长维拉潘，还与他合影留念，并请他为《济南时报》题词祝福；采访体育名家与明星球员，兴步更是能深入其中，得心应手，获得独家新闻。如此这般，记者同仁非常羡慕，但也只能歆羡，并不知兴步拥有怎样的“独门秘籍”。

采访成功，是一篇优质新闻报道的良好开端与坚实基础。但是，能够通过独家采访而写出独家新闻，准确又快速，才是新闻记者的真本事。兴步能够深入一线，奔波于运动员与赛场之间，获得真实而鲜活的新闻素材，其作品在“体育好新闻”评选中屡屡获奖。在体育新闻界，他是“清流”般的存在。最令人口服心服的是，兴步的新闻作品曾在“体育好新闻”评选中赢得山东省“五连冠”，令人瞩目。

在中国体育记者队伍中，除了新闻专业的毕业生、体育院校的高才生，还有从事过竞技体育的运动员，而兴步在其中就有些“奇异”——他毕业于我国著名的医学学府山东医科大学，经5年苦读，已成为一名优秀的儿科医生，在各类报纸刊物发表了众多医学论文。

或许是性格使然，兴步最大的业余爱好是足球。他对于球技高超、作风硬朗、能扭转乾坤的球星的比赛如醉如痴，烂熟于胸，以至于毅然放弃医学，投身体育新闻报道。这在中国的体育新闻界绝无仅有。从此，省城济南的医学界少了一名优秀的医生，而成就了一名出色的体育记者。人的一生，就是如此的变幻莫测。

正因热爱与执着，兴步以苦为乐，南征北战，奔波于体育新闻报道的最前沿。他成功报道了奥运会、世界杯、亚运会、全运会等重大体育赛事。采访报道釜山亚运会时，他的吃苦耐劳是惊人的：场地分散，交通不便，早晨出发，晚上回到新闻中心发稿，晚餐吃方便面。半个月过去了，他的胃直冒酸水，还伴有阵痛……即使如此，他也强忍苦痛，圆满完成任务。然而，从此以后，他再也不能吃方便面了！

我与兴步相识于30年前。1992年，山东省体委遭遇难题：山东省男足与青岛市男足，由谁代表山东参加第七届全运会。《齐鲁晚报》根据我的建议，设立《七运足球大家谈》专栏，赢得了读者的热烈反响。雪片般的稿件中，一个名叫“王兴步”的作者给我留下了深刻印象：文笔简洁，观点鲜明，论据充分，尤其对主力球员的技术特点、身体素质、意志品质了如指掌。

如此行家般的作者，在当时的球迷之中非常少见。他不是平常意义上的球迷，他不仅热爱足球，还对足球有相当多的了解；他是一个有思想、有见解、有追求之人。一天下午，我到足球场看山东省男足训练，只见主力球员王东宁对着一小伙高喊："兴步！"就这样，我们在足球场相遇、相识，直至后来的相知。

时光荏苒，转瞬之间，30年过去了。风雨奔波中，兴步从风华正茂的小伙子，到成果丰硕的中年人，如今即将步入花甲之年。一些新闻记者的职业病时时折磨着他，兴步对此无怨无悔。

按照兴步的说法：能为了自己的挚爱努力奋斗是一种幸运；能为祖国和家乡的体育健儿呐喊助威是一种荣光；能完成采访报道任务是一种满足与幸福。把自己的热爱融入祖国伟大的事业中，是一种准确的选择。所以，人生在世，除了对事业的热爱，别无他求；除了竭尽全力的奋斗，别无选择！

此次兴步出版专著，向他表示热烈祝贺，期待把酒言欢！兴步，为你喝彩！

写于济南

2022年3月6日

后记

十几年前，我的老领导崔齐东总编辑就鼓励我出书。他曾语重心长地对我说：“兴步，你采访了那么多名人，做了那么多独家专访，采访了如此多的重大体育赛事，应该出一本文集。”

齐鲁晚报的马安泉老师是我敬重的老大哥。前些年，他曾经出版过一本文集《举重若轻》，并签名送给我一本。书中的每篇文章我都认真拜读，令我受益匪浅。每次见到马老师，他都督促我，让我一定要赶在“退役”之前出一本书，也是对自己记者生涯的一个总结。

马安泉老师是我敬重的师长和兄长，在我的记者生涯中给了我很多指导和帮助。这次他重新操刀，写了一篇介绍我的文章，让我感动。

于是，我便开始准备整理资料。应该说，资料其实已经准备得差不多了，只是由于种种原因，出书一事搁浅了。

前两年，姜振、祥祎、凯华、刘伟开始酝酿，把我出书一事提上议事日程，并作为鲁媒之星篮球队 2022 年的重要工作。

我的学生从芬多次给我鼓劲，建议我一定要把那些经典采访案例与体育名人的故事写出来，与大家分享。这是一件很有意义的事情，也称得上是在传播体育文化和传承体育精神。

我开始重新梳理资料，撰写和编辑我与名人的那些故事。部分稿件最先在新黄河客户端和齐鲁网新媒体推出，反响超乎预期，网友留言甚多，大大增强了我的信心。

我做体育记者20多年，采访的体育名人非常多，我从中选出40多位，讲述这些名人鲜为人知的故事。讲述的虽是陈年往事，但都有一定的故事性。读过的朋友评价："故事如陈年老酒，随着岁月的流逝而味愈醇，在新时代重读又有丝缕沁人心脾的意味，让人唏嘘，回味无穷。"有些幕后故事和图片都是第一次公开发表。

当年我采访最多的项目是足球，因为常年跟随泰山队转战南北，所以本书涉及泰山队队员和教练最多。我见证了泰山队多位教练的"上课"与"下课"，更多球员的得意与失意，本书中的有关内容可称得上是"泰山足球风云录"。将其放在历史长河中去窥视，今天的人们也会有启迪。

我是全能型体育记者，除了足球，篮球、排球、乒乓球、田径、射击等项目我都跑过，本书出场人物中也有这些项目的名人和官员。

另外，还有几段难忘的采访经历，至今在圈内被同行们津津乐道，也在书中与大家分享。

我当年在一线采访时，采写过不少独家稿件，济南时报原总编辑李国强曾经准备为我开一个专栏《独步天下》。这次出版文集，几位兄弟一致同意，书名就借用李总的创意。

阅读此书，对体育情有独钟的朋友可欣飨故事；初出茅庐的媒体人同仁或者新闻专业的学子可从中体悟采访技巧，平视名人，真心待人、暖人，你将收获不一样的精彩。

这本书最后的内容是"后记"，"后记"最重要的内容就是"感谢"，因为任何一件事的成功，都需要仰仗众人的帮助。这本书自然也不例外，我需要感谢的人很多。

我首先要感谢原鲁能泰山俱乐部常务副董事长刘广迎先生、中国男足主教练李霄鹏、山东体育休闲广播总监郑晋为本书作序。

本书中的一些图片是我前些年收藏的，除了自己拍摄的之外，其他图片都是孙苌青、袁勇、崔健和谢永亮等兄弟们的作品，在此一并表示感谢。

在本书出版的过程中，济南出版社给予了大力支持，在此表示衷心的感谢。

祥祎和从芬在稿件的编辑、统筹过程中，做了大量具体工作，鲁媒之星篮球队的队友也提出了很多较好的建议，对大家表示感谢。

感谢兴君兄弟对本书的出版提出了不少指导性意见。

感谢我的爱人和孩子。我做记者多年，常年出差，每到比赛日即坐上飞机跟随球队去外地全程报道，全运会、亚运会、奥运会，在外一待就是一个多月……我内心深知小家和事业很难两全，每一篇殚精竭虑的报道背后都有我对家庭的疏忽。平常羞于言辞，此次借此书诚挚地感谢家人多年的理解和对我个人梦想不离不弃的支持。

此时此刻，我要衷心感谢济南日报报业集团，尤其是我所就职的两个单位——济南时报和舜网，正是由于报社的栽培、领导的厚爱、同事的支持和宽容，我才走到了今天。我永远怀有一颗感恩的心，我深深爱着报社，感谢所有帮助过我的人。

另外，我要特别感谢山东琢玉体育、山东力速体育、山东新星体育、山东乐动体育、山东智轩体育、山东奥强体育、济南科曼篮球馆等单位的友情支持。

总之，需要感谢的人很多，对于大家的助缘，我都会铭记在心。

由于本人水平和能力所限，书中难免出现错误或不妥之处，敬请读者斧正。

王兴步

2022 年 2 月 22 日